U0818893

酒店服务与管理专业基于工作过程系统化系列教材

编委会

总　　编：叶军峰　成振洋

编　　委：邓兰珍　李娉婷　赵小玲　蒋碧涛　林文婷

罗燕萍　谢玉莲　陈衍怀　陆丽娥　童亚莉

董韵捷　黄志伟　朱朦朦　谭文焯　胡嘉欣

企业顾问：

广州首旅建国酒店有限公司	总经理杨卓辉 （广州酒店行业协会副会长）
广州首旅建国酒店有限公司	人力资源总监徐渊
广州市嘉逸国际酒店有限公司	总经理黄青照
广东大厦	人力资源部经理周敬

Hotel Service Psychology

酒店服务心理

主编　陆丽娥

暨南大学出版社
JINAN UNIVERSITY PRESS
中国·广州

图书在版编目（CIP）数据

酒店服务心理/陆丽娥主编．—广州：暨南大学出版社，2014.5（2015.7 重印）
（酒店服务与管理专业基于工作过程系统化系列教材）
ISBN 978－7－5668－0939－1

Ⅰ．①酒…　Ⅱ．①陆…　Ⅲ．①酒店—商业心理学—技术培训—教材　Ⅳ．①F719.2

中国版本图书馆 CIP 数据核字(2014)第 033214 号

出版发行：暨南大学出版社

地　址：中国广州暨南大学
电　话：总编室（8620）85221601
　　　　营销部（8620）85225284　85228291　85228292（邮购）
传　真：（8620）85221583（办公室）　85223774（营销部）
邮　编：510630
网　址：http：//www.jnupress.com　http：//press.jnu.edu.cn

排　版：广州市天河星辰文化发展部照排中心
印　刷：广东广州日报传媒股份有限公司印务分公司

开　本：787mm×1092mm　1/16
印　张：11.75
字　数：264 千
版　次：2014 年 5 月第 1 版
印　次：2015 年 7 月第 2 次

定　价：28.00 元

（暨大版图书如有印装质量问题，请与出版社总编室联系调换）

总序

为了培养具备综合职业能力的高技能酒店服务与管理人才，编者以“工学结合”为指导思想，引入国外先进职教理念，深入广州地区酒店行业及企业实地考察、访谈和调研，以酒店岗位从业人员的实际工作任务为主线，依托校企合作，共同对酒店服务与管理人才培养模式、培养目标、职业能力和课程设置进行分析及定位，以典型工作任务为载体，根据典型工作任务和工作过程设计学习情境，按照工作过程的顺序和学生自主学习的要求进行教材内容的编写，创新并开发了酒店服务与管理专业基于工作过程系统化系列教材。本系列教材共12本，分别是：《餐厅服务》、《客房清洁》、《楼层接待服务》、《前厅服务》、《菜肴与酒水推销》、《酒吧服务》、《酒店英语》、《酒店服务心理》、《酒店服务礼仪》、《酒店信息管理》、《餐厅技能训练》、《客房技能训练》。

本系列教材由一批学术水平高、教学经验丰富、课程开发能力强的酒店专业教师与企业骨干共同开发而成。在教材组织编写工作中，我们坚持以下原则：

一是从职业岗位群分析入手，根据酒店对服务人员的要求和相关的国家职业标准，科学确定教材内容，使教材具有贴近酒店一线从业人员岗位实际工作要求的鲜明特色。

二是根据中等职业技术院校酒店服务与管理专业的教学特点，合理编排教材内容，并以工作情境为切入点，采用任务驱动的编写思路，使教材具有适应教学和易于学习的鲜明特色。

三是注重将酒店企业的新理念、新方法及综合职业能力要求编入教材，使教材具有与行业发展同步的鲜明特色，不仅适用于酒店服务与管理专业的教学，也适用于酒店行业、企业员工的职业培训。

上述教材的编写得到了广州首旅建国酒店有限公司、广州市嘉逸国际酒店有限公司、广东大厦等校企合作企业的大力支持，教材的编审人员做了大量的工作，在此表示衷心的感谢。同时，恳切希望广大读者对教材提出宝贵的意见和建议，以便修订时加以完善。

编委会

2014年3月

Contents

目录

Contents

目录

学习情境一 酒店服务员必备的心理素质

酒店服务心理学并不神秘，就发生在我们的身边，是我们在为客人提供各项服务时，常用的一种看不见、摸不着的应用科学。作为一名星级酒店的服务员，如果没有一点酒店服务心理学基本知识，就很难把服务工作做好。

酒店服务心理学，是指酒店服务员根据客人的心理需求，为客人提供个性化服务的应用学科。无论是国内的星级酒店，还是国外的连锁经营酒店，一般都具备硬件建设和软件服务两大功能。酒店的硬件建设，主要包括前厅、大堂、餐厅、客房、娱乐场所的设施设备；酒店的软件服务，主要是向客人“出售服务”，而酒店服务的核心是向客人出售服务。

第一单元　实用心理知识

任务一　酒店服务员的服务要求

●学习目标

1. 学会把握服务员提供服务的要求和标准，能恰当地为客人提供心理服务；
2. 了解顾客的不同心理需求和个性化心理需求。

学习任务

1. 组建学习小组。

2. 搜集酒店服务员相关的服务案例，并针对不同客人类型进行配搭，学会当遇到有个性化心理需求的来客时，应如何做好应对措施。

任务引入

阅读下面的案例，回答后面的问题。

【案例】

商务客人张先生，到北方某城市和客户洽谈生意，入住了一家五星级酒店，他的心理需求涵盖了以下五个方面：

第一，生理需求，即吃住。无论是在中餐厅或西餐厅就餐，还是在自主餐厅或宴会厅就餐，客人不仅要求吃得可口，吃得满意，而且还要体验到一种被尊敬的感觉。

第二，安全需求。在酒店住宿期间，客人要求房间设施设备干净整齐、舒适、卫生和安全。

第三，社交需求。在进行商务活动时，有自由广泛的交际空间，为寻找新的合作伙伴，提供一个良好的氛围。

第四，尊重需求。无论是在前厅办理入住登记或离店手续，还是在餐厅就餐，都要求体验到服务员的尊重，有一种做了一次“上帝”的感觉。

第五，自我价值实现需求。在酒店住宿期间，服务员能根据他的心理需求，为他提供个性化服务，使他的心情保持愉悦，能顺利地和客户洽谈生意，从而实现“自我价值”。

（案例来源：吕和发．旅游促销概论．北京：旅游教育出版社，2002.）

思考：在案例中，客人的心理需求主要体现在哪几方面？它们之间的关系如何？

____

____

____

任务布置

1. 情境布置：作为一名星级酒店的服务员，如何为客人制造一段愉快的经历呢？

（1）________________________________

（2）________________________________

2. 每6 ~ 8 人组成一组，以小组为单位，每组围绕以上情景分为两小组，一小组提出可能的来客，一小组分析每一类型的客人服务需求心理预期，再角色扮演并就来客的心理进行设计。

3. 各小组以各种形式（照片、视频、漫画、小品演示等）记录下来，并做一些简单的解释。

知识链接

一、服务员为客人提供心理服务的核心

1. 会做事

酒店服务员快捷而又完美地为客人提供最佳的前厅服务、客房服务或中西餐厅服务，并满足客人的个性化服务需求。

2. 会待人

酒店服务员在为客人服务时，言谈举止要有一种亲和力，使客人有一种心理愉悦的体验。

二、酒店服务员应具备的心理潜能

1. 潜意识中有爱的萌芽

爱的潜能，是隐藏在潜意识中的一种“爱”的萌芽，并不是现实生活中的一种爱的能力，要使爱的潜能变为一种爱的能力，有一个必不可少的前提条件，那就是使爱的潜能得以激发。

2. 曾经有被爱的经历

在童年时代，曾经被爷爷、奶奶、爸爸、妈妈、哥哥或姐姐等亲人“宠爱”过；上学后，曾经被老师和同学们“关爱”过。这种“被爱”的体验，经过天长日久的积累，潜意识中有一种回报的欲望，就会在日常生活中，渐渐地对周围的人释放一种“爱”的潜能。但在现实生活中，有不少缺乏“爱心”的人，几乎都是因为童年时代缺乏“被爱”的体验。“被爱”是一种不可缺少的心理“营养素”，不仅童年时代需要，长大成人后更加需要。不过，对于那些心理上成熟而健康的人来说，“营养不良”的情况是不存在的。

3. 具备感恩之心

心理健康的人，一般都具备感恩之心，在“爱”的问题上都能从我做起，能用自己对别人的“爱”，去赢得别人对自己的“爱”，他们既能“爱人”，又能“被人所爱”。将心理学这种理论运用到酒店服务工作中，就是要求服务员具备爱的回报能力，即根据客人的个性化需求，为客人提供亲和力的服务，在客人身边制造一个“爱的光环”，使客人能在服务员的各项服务中，体验到一种“被爱”的感觉。

三、人类的五种需求

美国著名的心理学家马斯洛提出的人类需求论中指出，人类的需求一般包括：生理需求、安全需求、社交需求、尊重需求和自我价值实现需求五个层面。如下图所示：

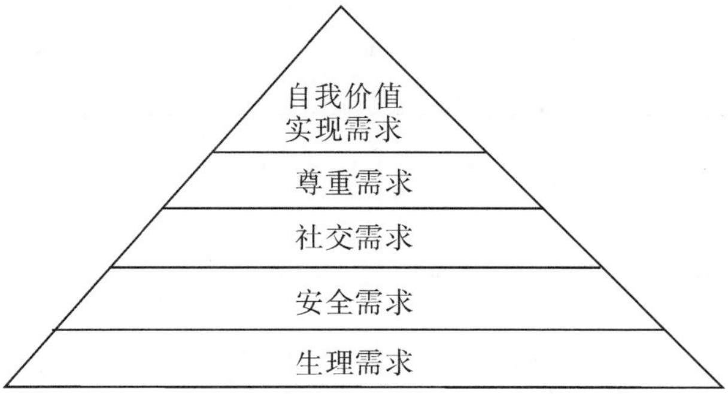

1. 生理需求

马斯洛提出的人类第一个需求，是人类最基本的生理需求，即吃和住。目前中国的星级酒店已经能够完全满足客人的生理需求。中国的星级酒店里，有大大小小的餐厅，餐厅里有中国传统的八大菜系，皇室的满汉全席，更有风靡全球的西餐牛排。至于住的房间，不但有单人床和双人床的标准间，更有富丽堂皇的总统套间。

2. 安全需求

凡是入住酒店的客人，在满足了基本的生理需求之后，第二心理需求是安全需求。即住在酒店安全，吃的菜肴卫生安全，没有危及自己生命安全的事件发生。

3. 社交需求

入住酒店的商务客人，一般要和客户洽谈生意或签合同。国内外上层知名人士的社会交往，有时候也在酒店进行。酒店的设施设备和服务业的全方位服务，就满足了这一部分客人的心理需求。

4. 尊重需求

所有入住酒店的客人，无论是亿万富翁，还是农民旅游团，人人都有被尊重的心理需求。这种心理需求，主要是要求酒店各个岗位上的服务员，处处事事要尊重他们，使他们能体验到“上帝”的感觉。

5. 自我价值实现需求

入住酒店的客人，大多数不具备这个心理需求，只有长期包房的商务楼层客人，才会有这个心理需求。在长期租用酒店客房经营商务活动时，客人利用酒店的知名度和服务设施，赢得客户的信赖，使自己的事业不断走向成功。

任务准备

一、团队组建

本书大部分内容的学习采取小组学习的方式进行，请在规定时间（15 分钟）内自行组建学习小组（每组人数视班级情况自定）。

学生分好组后，以小组为单位坐在一起。各组坐成半圆，中间的场地空出来，便于组织活动。每组选出组长、秘书，定出组名，编好组歌，画出组徽，制定好小组格言，并记录在下表中。

组名			
小组格言			
组徽		组歌	
组长		秘书	
组员姓名	联系电话	组员姓名	联系电话

二、教师下发任务书

任务书

1. 任务目标

(1)学会共同合作、相互借鉴学习，听取老师的评价。

(2)根据不同情境下客人的需求心理，评述是否恰当运用了服务语言技巧。

2. 任务要求

(1)在教师指导和辅助下，以小组为单位完成分组情景表演：酒店服务员基本接待服务的情景模拟，以及学会如何给客人创造一段愉快的经历，并设计情景对话。

(2)以小组为单位，收集接待服务的案例。

3. 活动规则

(1)各组自行做好计划书，明确分工。

(2)活动过程必须全体组员参与。

(3)要通过各种形式（照片、视频、漫画、小品演示等）将活动过程记录下来。

(4)任务完成后，要向全班同学汇报，并展示任务的完成过程。

任务实施

一、制订实施方案

认真分析任务，并确定好任务实施方案。

二、确定人员分工

任务实施过程中要明确分工任务，组长要调动组员充分表达不同的意见，形成职责清晰的任务分工表。

组员姓名	任务分工

三、过程监督

请各组成员在任务实施过程中做好过程记录，组长负责监督，全组共同完成进度监督表。

工作阶段	时间	进度描述	检查情况记录	改善措施以及建议

四、各组成员记录任务实施过程中的困难及收获

困难：____________________

____

小组成员想到的解决方法：____________________

____

本次活动的收获：____________________

____

五、展示活动记录

每个组在任务实施过程中，可以用各种形式把本组搜集到的接待服务的案例记录下来，分别扮演可能的来客，并分析客人服务需求心理预期，进行角色扮演，结合所学待客技巧，并以各种形式展示出来。

六、班内汇报

汇报内容包括：对本次任务完成情况的介绍、任务实施过程中遇到的困难和解决的方法、对所搜集及观察到的内容的解说等。小组互相评价，并对同学的汇报情况做好记录。

组别	汇报情况（包括任务完成情况、过程处理及搜集效果等方面）

七、归纳总结

通过本次活动，结合以下案例，进行提高训练。

北京某旅游高校有一位著名的教授，是研究酒店服务的专家，由于平时潜心研究学问，不太注意外部形象，再加上月薪偏低，平时消费比较拮据。在一次公务出差活动中，入住到某市一家五星级酒店，住宿是会务组安排，吃饭和其他消费是自费。

他第一天中午参加完会议后，独自到酒店内的风味小餐厅就餐（由于他多年潜心研究学问，养成了一人独处的性格，在组织上没有安排集体活动的时候，喜欢单独行动）。

他刚走到小餐厅的门前，迎宾员看见他的一身寒酸打扮和满脸沧桑的样子，不但没有露出甜蜜的微笑，连一句“欢迎光临”的日常礼貌用语也没有，只是用眼角轻蔑地扫了他一眼，他的心里“咯噔”了一下，一向受“尊重”的感觉消失了一半。但他还是硬着头皮走了进去，坐到餐桌前再也没有勇气看一眼递给他菜单的服务员，就胡乱地点了两个最便宜的菜和一碗面。

当他正在狼吞虎咽地吃饭时，听到站在离自己一米之外的两个服务员窃窃私语的声音。该餐厅只有他一个人用餐，他就敏感地抬起头来，看到两个服务员正用蔑视的眼光看着他，对他指指点点：“这个人太穷酸，吃这么便宜的饭菜！”他再也吃不下去了，扔下筷子，迅速地逃离了餐厅。

研究酒店服务的专家第一天到酒店的小餐厅里用餐，不但没有受到公正的待遇，连起码的“凡人尊严”在这些服务员面前也荡然无存了。这位著名教授所遭遇的“痛苦经历”，后来成为他在课堂上讲授“酒店服务心理学”的案例之一。

（案例来源：吕和发．旅游促销概论．北京：旅游教育出版社，2002.）

思考：酒店服务员怎样对待客人才算是公平公正？

评价反馈

以小组为单位，结合表中标准，围绕自己在活动前后的思想、行为等变化，进行客观评价。

规范及责任意识综合体现评价标准			
1. 遵守规则。 2. 能快速找到与组员的共同目标。 3. 能准确无误、无条件地接受并立即执行组内指令。 4. 能按事先确定的方案尽力完成任务。 5. 能建立良好和谐的人际关系，使工作尽快开展。 6. 能够化解任务中的障碍。 7. 能勇于承认错误，敢于承担责任。 8. 能以大局为重，调整自己的工作节奏。 9. 能在团队合作中表达自己的意见，也能虚心接受他人的建议和批评。 10. 为了实现共同目标，能牺牲自己的利益。			
活动前		活动后	
思想描述		思想描述	
行为描述		行为描述	
感悟			

思考与练习

作为一名酒店服务员，能否在对客服务中扮演好各种角色，是做好服务工作的关键。在现代社会中，每个人都是社会人，酒店也是一个小社会，酒店服务员更是这个小社会中的主要角色，在对客服务中，这个主要角色要随着不同的剧情变化（即不同客人的不同需求）不断地改变自己的角色。

1. 情景模拟一：在一个会务型客人面前，酒店服务员扮演的主要角色是什么？

2. 情景模拟二：在一个老年客人面前，酒店服务员扮演的主要角色是什么？

任务二　客人基本的心理需求

●学习目标

1. 学会把握服务员提供基本服务的要求和标准；
2. 了解酒店服务心理研究的对象和内容；
3. 学会运用研究酒店服务心理的常用方法。

学习任务

1. 组建学习小组。

2. 搜集酒店服务员相关的服务案例，掌握需要与动机在酒店服务工作中的实践意义，学会分析客人基本的心理需求。

任务引入

阅读下面的案例，回答后面的问题。

【案例】

某酒店的中餐厅座无虚席，洋溢着和谐欢快的气氛，就餐客人在与亲朋好友共享丰富可口菜肴的同时谈论着各自感兴趣的话题。这时11号台的客人正在激烈地讨论着问题，他们点的菜很多，餐桌上的盘子已摆满。这时服务员小吕又端上来一盘“清蒸海蟹”，并轻声地报了菜名，但没有及时把菜放下，因为她正考虑这盘菜该放在哪儿。小吕挪动一下桌上的菜盘，准备将手里的菜放在“海蜇肘子”上面。此时，客人因看服务员无处放盘子便动手帮忙，结果却帮了倒忙——一个盘子滑到了“海蜇肘子”里。小吕忙道歉，客人开玩笑地说：“小姐是不是该赔偿一盘菜呢？”而小吕却当真起来，心想：“这盘子是你碰下去的，跟我有什么关系，还想赔偿？”就回答说：“赔？赔什么？”客人一听此话，觉得有失面子，就认真了起来：“赔什么？赔海蜇肘子。”小吕接着说：“你想得倒美！”这时，双方的关系一下子紧张了起来。领班急忙找来餐饮部经理，餐饮部经理立即要求小吕暂停工作，向客人道歉。小吕只好向客人说："对不起，请原谅！"然后就离开了餐厅。餐饮部经理在向客人道歉的同时，又给客人送上了一盘"海蜇肘子"，并征求客人的意见，最后嘱咐领班，等客人用餐后再免费送给客人一个果盘，以表示对客人光临本餐厅的谢意，也为服务不周表示歉意。结果客人在结账时主动多付了一盘"海蜇肘子"的费用。

（案例来源：邹益民. 现代饭店餐饮管理艺术. 广州：广东旅游出版社，2003.）

思考：餐厅服务员应不应该赔海蜇肘子呢？为什么呢？

任务布置

1. 情境布置：知名企业飞通国际贸易公司的总经理王先生，是持有国际金卡的贵宾级客人，本次在酒店预住5天，完成一次重要的贸易洽谈。酒店客史档案记录，王总性情和善、生活品位较高，看中酒店的商务氛围，既有享受酒店愉悦时光的兴致，又对成功开展商务活动充满期待。

2. 每6～8人组成一组，以小组为单位，每组围绕以上情景分为两小组（一小组提出可能的需求心理预期，一小组分析如何满足这些需求），再角色扮演并就来客的心理进行设计。

3. 各小组以各种形式（照片、视频、漫画、小品演示等）记录下来，并做一些简单的解释。

知识链接

随着国际旅游时代的到来，地球村正在逐步形成，客人从四面八方来，入住酒店进行商务活动、度假旅游或会务活动。

进入21世纪，中国大多数酒店的确很有人气。"有朋自远方来，不亦乐乎"的现象喜人，但要根据客人不同的气质特征，恰到好处地满足客人的心理需求，并不是一件容易的事。下面我们来了解客人不同的气质特征，并根据客人的不同心理需求，为客人提供满意的心理服务。

类型	特征	满足客人的心理需求
多血质	活泼好动，聪慧敏感；反应迅速，喜欢和人交往；注意力容易转移；兴趣和情绪容易变换，性格外向	根据客人的性格特征，认真观察客人的潜在需求，及时满足客人的心理需求。为客人介绍广交朋友的信息和场合，使客人的聪慧充分地展现出来；为客人提供微笑、言谈和肢体服务时，先用眼睛交流，从而吸引客人眼球，控制客人注意力的转移；为这类客人提供超前的个性化服务
黏液质	安静稳重，反应缓慢；沉默寡言，情绪不易外露；注意力比较集中；承受挫折能力强，性格内向和外向结合	对这类客人的个性化需求，要采取不卑不亢的服务态度。因为这类客人一般都是城府很深，不喜欢提供主动热情的“超前”服务，在客人提出需求之后，再为其服务
胆汁质	直率坦白，热情大方；精力旺盛，激情澎湃；容易冲动，情绪变化无常；反应迅速，性格外向	为这类客人提供服务之前，要专心倾听，尽量满足一切需求。因为这类客人情绪容易激动，稍有服务不周到的地方，就会引起投诉。像对待朋友一样对待客人，为客人提供最佳的个性化服务
抑郁质	多愁善感，性格孤僻；行动迟缓，反应迟钝；过于敏感，性格内向	及时发现客人的需求动向，为客人解决各种困难。用恬静优美的语言和客人进行交流，使客人有“春雨润无声”的体验和感受

随着旅游业的迅猛发展，星级酒店如雨后春笋，遍地开花。来自国内外不同文化背景的客人，要求酒店服务员在工作岗位上，及时捕捉其潜在的需求点，为其提供超前的服务，具体有以下几点：

第一，求方便。中国有句俗话，“在家千般好，出门一时难”，说明人们外出的时候，最怕的是“不方便”。人们在家里遇到的“不方便”和外出时遇到的“不方便”虽然相同，但心理压力却是不相同的。在家里遇到的“不方便”，在一般情况下，不会造成特别大的心理压力；在外出住店时遇到的“不方便”，造成的心理压力就比较大。

第二，求安全。入住酒店的客人，离开自己居住的城市或家乡，来到一个陌生的地方，由于他对周围环境不熟悉，从而产生了把握不住环境的“求安全”意识，作为酒店的服务员，预测客人潜意识中“求安全”的心理需求，有利于为客人提供个性化的服务。

第三，求干净。美国康奈尔大学旅游管理学院的学者曾经对三万名住过酒店的客人做过问卷调查，其中60%的客人把清洁、干净的住宿、就餐和娱乐环境，列为客人的主要心理需求。

第四，求安静。随着国际化旅游时代的到来，酒店的主要功能，不仅是为客人提供物质享受，更重要的是为客人提供精神享受。为此，酒店逐渐成为客人“心灵休息”的场所，客人“求安静”的心理需求，已经归属于客人潜意识中的个性化需求之一。

第五，求公平。凡是入住酒店的客人，都有一个普遍的“求公平”心理。它不仅是现代社会中每个人普遍的心理需求，也是现代社会文明发展的必然趋势。酒店应不以人的社会地位、经济地位、衣着打扮为衡量尺度，在为客人提供价格、服务等方面，没有任何差异。但由于几千年来遗留下来的传统陋习（俗话叫“势利眼”）及有些服务员的基本素质较低，导致以社会地位、经济地位和衣着打扮为衡量尺度，对客人有不公正待遇的现象时有发生，继而引发客人投诉的现象也屡见不鲜。

酒店为了杜绝对客人的不公平待遇，对服务员加大了培训力度，要求服务员对所有住店的客人，无论客人的政治、经济地位高低、衣着打扮整洁或随便，都要“一视同仁、公正款待”。

任务准备

一、团队组建

本书大部分内容的学习采取小组学习的方式进行，请在规定时间（15 分钟）内自行组建学习小组（每组人数视班级情况自定）。

学生分好组后，以小组为单位坐在一起。各组坐成半圆，中间的场地空出来，便于组织活动。每组选出组长、秘书，定出组名，编好组歌，画出组徽，制定好小组格言，并记录在下表中。

组名			
小组格言			
组徽		组歌	
组长		秘书	
组员姓名	联系电话	组员姓名	联系电话

二、教师下发任务书

任务书

1. 任务目标

（1）了解需要与动机的相关概念、分类及功能，学会共同合作、相互借鉴学习，听取老师的评价。

（2）学会分析客人基本的心理需求，有针对性地去满足不同客人的心理预期。

2. 任务要求

（1）在教师指导和辅助下，根据酒店工作对员工心理素质和职业意识的要求，以小组为单位完成酒店服务员基本接待服务的情景模拟。

（2）以小组为单位，收集接待服务的案例。

3. 活动规则

（1）各组自行做好计划书，明确分工。

（2）活动过程必须全体组员参与。

（3）要通过各种形式（照片、视频、漫画、小品演示等）将活动过程记录下来。

（4）任务完成后，要向全班同学汇报，并展示任务的完成过程。

任务实施

一、制订实施方案

认真分析任务，并确定好任务实施方案。

二、确定人员分工

任务实施过程中要明确分工任务，组长要调动组员充分表达不同意见，形成职责清晰的任务分工表。

组员姓名	任务分工

三、过程监督

请各组成员在任务实施过程中做好过程记录，组长负责监督，全组共同完成进度监督表。

工作阶段	时间	进度描述	检查情况记录	改善措施以及建议

四、各组成员记录任务实施过程中的困难及收获

困难：____

____

小组成员想到的解决方法：____

____

本次活动的收获：____

____

五、展示活动记录

每组在任务实施过程中，可以用各种形式把本组搜集到的接待服务的案例记录下来，分别扮演可能的来客，并分析客人服务需求心理预期，进行角色扮演，结合所学待客技巧并以各种形式展示出来。

六、班内汇报

汇报内容包括：对本次任务完成情况的介绍、任务实施过程中遇到的困难和解决的方法、对所搜集及观察到的内容的解说等。小组互相点评，并对同学的汇报情况做好记录。

组别	汇报情况（包括任务完成情况、过程处理及搜集效果等方面）

七、归纳总结

通过本次活动，结合以下案例，进行提高训练。

小丽很热爱酒店服务工作，每天都是乐呵呵的，不但客人的口碑好，而且从来不怠慢自己，每天在上班之前，都能对着镜子中的“小丽”，先笑一笑，然后对镜子中的小丽说：“你真漂亮，你一定会让客人满意的。”

晚上下班后，在睡觉之前，又认真地反思自己一天的服务工作，先找成绩，后找差距，在找出原因之后，找出解决问题的办法，第二天更加努力工作。

由于小丽天天如此，月月如此，年年如此，三年过去了，小丽的事业成功了，被酒店经理提拔到了客房经理的位置上。

（案例来源：陈志学．饭店服务质量管理与案例解析．北京：中国旅游出版社，2006.）

思考：小丽成功的秘诀是什么？

评价反馈

以小组为单位，结合表中标准，围绕自己在活动前后的思想、行为等变化，进行客观评价。

<table>
<tr><td colspan="4">规范及责任意识综合体现评价标准</td></tr>
<tr><td colspan="4">1. 遵守规则。
2. 能快速找到与组员的共同目标。
3. 能准确无误、无条件地接受并立即执行组内指令。
4. 能按事先确定的方案尽力完成任务。
5. 能建立良好和谐的人际关系，使工作尽快开展。
6. 能够化解任务中的障碍。
7. 能勇于承认错误，敢于承担责任。
8. 能以大局为重，调整自己的工作节奏。
9. 能在团队合作中表达自己的意见，也能虚心接受他人的建议和批评。
10. 为了实现共同目标，能牺牲自己的利益。</td></tr>
<tr><td colspan="2">活动前</td><td colspan="2">活动后</td></tr>
<tr><td>思想描述</td><td></td><td>思想描述</td><td></td></tr>
<tr><td>行为描述</td><td></td><td>行为描述</td><td></td></tr>
<tr><td>感悟</td><td colspan="3"></td></tr>
</table>

思考与练习

根据酒店客人的服务心理，针对酒店客人个性化心理的需求，列举较为成功的待客技巧。

第二单元　必备心理素质

任务一　酒店服务员应具备的心理素质

●学习目标

1. 学会把握服务员的心理素质要求，能展示成熟健康向上的心理素质；
2. 了解酒店工作对员工心理素质和职业意识的要求，并树立正确的职业意识和行为习惯。

学习任务

1. 组建学习小组。

2. 搜集酒店服务员相关的服务案例，介绍员工心理行为的差异并从酒店服务的角度分析这些差异对服务的影响。

任务引入

阅读下面的案例，回答后面的问题。

【案例】

73 岁的张老先生，凡是认识他的人，都说他是一个永远长不大的孩子，经常以“儿童自我”的面孔出现在儿女们的面前，也就是人们所说的“老变小”。

张先生和任何人一样，在呱呱坠地的时候，谈不上有什么“思想”，但已经有了欲望和情感，不断地向父母“索求”。从吸吮母体的乳汁，到自己吞吃各种饭菜；从包裹中的娃娃，到穿戴漂亮的衣服去幼儿园；从摆弄各种玩具，到拆毁各种玩具汽车、火车等。当父母不能满足他儿时的欲望或情感的时候，他的“儿童自我”的面孔经常出现，一哭、二闹、三绝食，直到父母满足他的欲望或情感为止。

长大以后，在人生几十年的经历中，又不断地在向社会“索求”。这个阶段的“索求”，是靠自己不断地付出（脑力劳动或体力劳动的付出）而得到的回报。但当他付出很多、回报却很少的时候，就出现了心理上的不平衡，让平时隐藏很深的“儿童自我”面孔出现在领导或众人面前，像童年时代在父母面前，为了想要一个玩具大闹父母一样，闹得单位乌烟瘴气。

在领导和众人的眼里，他是一个还没有长大的孩子，要么大家都不理他，要么大家都原谅他，要么大家都躲着他。因为他在领导和众人眼里，是一个还没有长大的“孩子”。

当他进入老年的时候，“儿童自我”的面孔有时还会出现。儿女因为工作繁忙，不能每天都在他面前侍奉他的时候，他就会感觉到很孤独，经常要求儿女们回来看他或者陪着他聊天；儿女们因为工作繁忙或出差在外，没有及时去看他，他就一边哭一边骂儿女们不孝顺，他的“儿童自我”面孔不断出现，使儿女们不知所措，感到非常苦恼，有时候他的“儿童自我”情绪，还时常影响儿女们的正常工作。

（案例来源：张士泽．现代宾馆经营管理学．广州：广东旅游出版社，2001.）

思考：在案例中，作为酒店服务人员的你应如何招待“儿童自我”的客人？

____

____

____

任务布置

1. 情境布置：Tom 先生是较为成功的商人，他的生意、朋友圈中的活动一般在国际酒店进行，大家戏称国际酒店是他的据点。他本次在酒店预订 5 天，邀请外地几个朋友商谈共同投资的一个经营项目。酒店客史档案记录，Tom 先生生活品位较高，非常豪爽，总是乐此不疲地在宴请中谈生意，在所钟爱的豪华套房内签订合同，公务完成后特别愿意邀请同伴到酒店游泳馆游泳，品饮咖啡。

2. 每 6 ~ 8 人组成一组，以小组为单位，围绕以上情景分为两小组，一小组提出可能的来客，一小组分析每一类型的客人服务需求心理预期，把握作为酒店服务人员面对此类 VIP 客人所必备的心理素质，再角色扮演并就来客的心理进行设计。

3. 各小组以各种形式（照片、视频、漫画、小品演示等）记录下来，并做一些简单的解释。

知识链接

今天中国酒店进入国际化竞争时代，酒店的服务岗位对服务员的心理素质要求很高。虽然酒店服务员也有每一个“社会人”的“三个自我”，即儿童自我、家长自我、成人自我，但酒店行业不需要儿童自我和家长自我的服务员，只需要成人自我的服务员。

一、“三个自我”的形成

1. “儿童自我”的形成

“儿童自我”，是每个人三个自我中的第一个“自我”，也是最先形成的“自我”。当一个人还在童年的时候，经常以“儿童自我”的面孔向成年人提出一些物质或精神上的要求，但也有不少人已经是成年人了，或者是做爷爷、奶奶、爸爸、妈妈的人了，其“儿童自我”面孔还经常出现在工作或日常生活以及与领导、同事的交流中。

2. “家长自我”的形成

在一个人还很小的时候，他就有了欲望和情感，但他的行为，是让和自己一起生活的“权威人士”（父母）来调控的。他从小就自觉或不自觉地模仿自己生活中的“权威人士”的语言和行动。在这种模仿学习的过程中，“权威人士”各种各样的言教和身教，都被记录在他的头脑里，这就形成了他的第二个自我——“家长自我”。

当一个人有了“家长自我”心理的时候，也就有了思想。所谓有了思想，就是知道什么是对的，什么是错的；什么事情是可以做的，什么事情是不可以做的。但是，这些“思想”，其实并不是他自己的思想，而是他的家长向他灌输的，在他还没有分析和鉴别能力的情况下，就不自觉地接受了家长的这种思想。

3. “成人自我”的形成

当一个人不再盲目地受“权威”的支配，而能够通过自己的观察和思考来作出判断时，他就有了第三个自我，即“成人自我”。

“成人自我”的形成，从童年时代就开始了。经历了一次又一次的挫折和失败之后，积累了无数经验教训，这些经历使他很快地“成熟”起来。这种日积月累的“成熟”经历，逐渐塑造了他的“成人自我”心理，其特点就是善于独立思考，善于根据实际情况作出明智的选择。

如果一位男士，经常用“成人自我”的心理支配自己的行为，那么他的形象在众人眼里，就是一位能干大事的“成熟”男人；如果有一位女士，经常能恰到好处地在众人面前展示“成人自我”的形象，也会不断成就自己的事业，不断实现自己的既定目标，在自我价值不断实现的前提下，不停地“跳跃”，不断地发展，最终成为一个女强人。

二、酒店服务员应具备“成人自我”

（1）在客人面前，要表现出心理上的成熟和语言、行为上的老练，经常用一个乐观的心态，面对每一位客人。

（2）为客人服务时，热情有度、关怀到位、礼貌用语恰当、服务用心和专心。

（3）在客人遇到困难时，能做到雪中送炭；发现客人心情不好时，能够用亲切的目光和得体的语言关注客人，使客人能感到“春风化雨”般的温暖。

任务准备

一、团队组建

本书大部分内容的学习采取小组学习的方式进行，请在规定时间（15 分钟）内自行组建学习小组（每组人数视班级情况自定）。

学生分好组后，以小组为单位坐在一起。各组坐成半圆，中间的场地空出来，便于组织活动。每组选出组长、秘书，定出组名，编好组歌，画出组徽，制定好小组格言，并记录在下表中。

组名			
小组格言			
组徽		组歌	
组长		秘书	
组员姓名	联系电话	组员姓名	联系电话

二、教师下发任务书

任务书

1. 任务目标

（1）学会如何接待 VIP 客户，面对客人的投诉，如何处理得当。

（2）根据不同情境下客人的心理需求，评述是否恰当运用了服务语言技巧。

2. 任务要求

（1）在教师指导和辅助下，以小组为单位，根据不同客人的心理需求，设计关于服务人员心理素质的情景，进行情景模拟并设计情景对话。

（2）以小组为单位，收集酒店服务人员心理素质的案例。

3. 活动规则

（1）各组自行做好计划书，明确分工。

（2）活动过程必须全体组员参与。

（3）要通过各种形式（照片、视频、漫画、小品演示等）将活动过程记录下来。

（4）任务完成后，要向全班同学汇报，并展示任务的完成过程。

任务实施

一、制订实施方案

认真分析任务，并确定好任务实施方案。

____

____

____

二、确定人员分工

任务实施过程中要明确分工任务，组长要调动组员充分表达不同的意见，形成职责清晰的任务分工表。

组员姓名	任务分工

三、过程监督

请各组成员在任务实施过程中做好过程记录，组长负责监督，全组共同完成进度监督表。

工作阶段	时间	进度描述	检查情况记录	改善措施以及建议

四、各组成员记录任务实施过程中的困难及收获

困难：____

____

小组成员想到的解决方法：____

____

本次活动的收获：____

____

五、展示活动记录

每组在任务实施过程中，可以用各种形式把本组搜集到的酒店服务人员心理素质的典型案例记录下来，分别扮演可能的来客，并分析客人服务需求心理预期，进行角色扮演，结合所学待客技巧，并以各种形式展示出来。

六、班内汇报

汇报内容包括：对本次任务完成情况的介绍、任务实施过程中遇到的困难和解决的方法、对所搜集及观察到的内容的解说等。小组互相评价，并对同学的汇报情况做好记录。

组别	汇报情况（包括任务完成情况、过程处理及搜集效果等方面）

七、归纳总结

通过本次活动，结合以下案例，进行提高训练。

一位大堂副理的自白

虽然我做大堂副理一年多了，但从来没有像客务中心保洁员李阿姨那样乐观，她太逗了！无论什么事情压在身上，她都觉得无所谓，性格依然开朗，工作照样愉快。让我来讲一个关于她的故事吧！

她是一名农村妇女，虽然文化水平不高，但是说出来的话让人有一种茅塞顿开的感觉，她是个很明事理的人。她在大堂任PA（保洁员），负责维护大堂的日常卫生工作，工作之余，她是使我受益匪浅的快乐导师。

当我在工作中遇到心理阻碍的时候，因心情不好而影响了工作，她会主动来问我："大副，怎么回事啊？不爱理人可不像你的性格啊！阿姨给你讲个笑话……"她太逗了！你看她吧，她在你面前讲笑话的时候，笑容灿烂，让你笑个不停。尤其是她用那滔滔不绝的语言，讲完之后，你还没有笑呢，她就先笑起来了，真逗啊！她简直就是一个快乐使者，我被她逗乐了，就和她开玩笑，我们两个都笑了！哈哈！和她在一块真开心！

她在工作的时候，手里拿块擦布，看大堂哪里脏了，就拿她手上的万能擦布去擦。墙砖已经很亮了，她非要说还有污渍，得再擦擦，擦了半天，这块墙砖和大堂的其他墙砖比较起来，确实干净了许多，还亮了很多。

有一次，她告诉我："小姑娘，工作中没有过不去的坎，只要你认真了，是金子到哪里都会发光，而且还是锃亮锃亮的那一颗，什么最宝贵？生命最宝贵，工作中也要学着善待你自己。"李阿姨拿出来每天拖地用的地拖，在大堂拖来拖去，拖得还真有节奏。为什么这么说呢？她每次拖到客人或者员工身边的时候，就会"嘀嘀"两声，等客人或员工躲开后，就会听到一句反馈给她的回答："您真幽默！"简单的两声"嘀嘀"，让我们眉开眼笑，她是多么快乐的一位使者啊！她也是我人生路上事业发展的启蒙导师。

（案例来源：邹益民．现代饭店餐饮管理艺术．广州：广东旅游出版社，2003.）

思考：是什么原因使李阿姨如此受欢迎？

评价反馈

以小组为单位，结合表中标准，围绕自己在活动前后的思想、行为等变化，进行客观评价。

规范及责任意识综合体现评价标准			
1. 遵守规则。 2. 能快速找到与组员的共同目标。 3. 能准确无误、无条件地接受并立即执行组内指令。 4. 能按事先确定的方案尽力完成任务。 5. 能建立良好和谐的人际关系，使工作尽快开展。 6. 能够化解任务中的障碍。 7. 能勇于承认错误，敢于承担责任。 8. 能以大局为重，调整自己的工作节奏。 9. 能在团队合作中表达自己的意见，也能虚心接受他人的建议和批评。 10. 为了实现共同目标，能牺牲自己的利益。			
活动前		活动后	
思想描述		思想描述	
行为描述		行为描述	
感悟			

思考与练习

情景模拟：根据以下案例，进行酒店服务员心理角色代入，寻求最佳的应对措施。

南方有一对度蜜月的新人，带着“儿童自我”的面孔，到北方的某大城市旅游，是为了度过一个愉快、安静的蜜月。

假如你是一名前厅服务员，在客人登记入住的时候，了解到了这个信息，你可以用天真、活泼的“儿童”语言向他们祝贺：“祝你们新婚愉快！欢迎你们的到来。”在他们外出旅游、走过前台的时候，你远远地看见他们兴致勃勃的样子，你可以用略带“童趣”的目光去欣赏他们，使他们感觉到你的眼睛在祝福他们，希望他们“玩得愉快”。

在他们游览归来、走过前台的时候，你看到他们游览了一天，却没有丝毫疲惫之意，依旧激情饱满，你可以用一句“希望你们明天更快乐”的祝福语，向他们表示一种“童真”般的友好。

（案例来源：蔡万坤．新编酒店管理．广州：广东旅游出版社，2003.）

思考：作为一名饭店服务员，能否在对客服务中扮演好各种角色，是做好服务工作的关键。在对客服务中，服务员要根据不同客人的需求不断地改变自己的角色。

1．情景假设一：对于一位会务型的客人，作为服务员的你，应满足客人的何种需求？

2．情景假设二：对于一位老年的客人，作为服务员的你，应满足客人哪种心理需求？

任务二　成熟的心理素质成就一切

●学习目标

1．学会把成熟的心理素质展现在客人面前，以最佳的状态投入到服务接待中去；
2．了解顾客的不同心理需求和个性化心理需求。

学习任务

1．组建学习小组。

2．搜集酒店服务员相关的服务案例，了解针对客人在酒店消费活动中的情感反应，有针对性地做好服务工作。

任务引入

阅读下面的案例，回答后面的问题。

【案例】

某市有一家三星级酒店，对客服务质量最佳，能主动、灵活地满足客人心理需求，在该市久负盛名，每天都是客人爆满，生意兴隆。

一个星期天的中午，大餐厅里喜气洋洋，十几桌的寿宴正在客人的碰杯和欢笑中进行着。在餐厅正中间墙上挂着的大红"寿"字，映着八十周岁"老寿星"红光满面的脸庞，欢声笑语响成一片。

"老寿星"的子孙和亲友们在碰杯、祝寿的同时，不断地品尝着二十多道菜的美味。不到一个小时，有的餐桌上的菜盘就见底了；有的餐桌上菜肴全吃光了；有的餐桌上把服务员送上来的点心和水果也"一扫而光"了。

这个场面印证了一句俗语："心情高，食欲好。"可"老寿星"和亲友们还沉浸在互相碰杯的欢乐之中，却没有菜肴下酒。

"老寿星"的儿子看到这个场面很尴尬，用"家长自我"的语气命令伫立在餐桌旁的服务员："赶快上菜！"

这位服务员是刚进酒店半个月的实习生，还不懂把自己的"家长自我"和"儿童自我"的面孔隐藏起来，让"成人自我"占主导地位，听到这句话后，马上也用"家长自我"的语气怒气冲冲地说："你们的菜已经上完了！"在座的客人听到后，欢笑声顿然消散，纷纷离席而去，"老寿星"觉得太丢面子，也怏怏而去。"老寿星"的儿子在结账的时候，向餐厅经理投诉了这位服务员。

第二天，这位服务员就被餐厅经理调离了工作岗位。

（案例来源：平文英．客房服务与管理．大连：东北财经大学出版社，2000）

思考：在案例中，作为酒店服务人员的你应如何处理此类事情？

任务布置

1. 情境布置：

有这样一位"家长自我"型的客人，因商务谈判入住到一家五星级酒店。

一天中午，他带着朋友到酒店的中餐厅就餐，他平时的个性就是喜欢在别人面前显示"家长权威"，态度严肃，说话带有命令的语气。

中餐厅服务员张妹妹，是一位温柔善良的女孩，在提供用餐服务的时候，她觉得他架子大，盛气凌人。但张妹妹早有一定的心理准备，认为自己的价值是为客人提供满意的服务，客人的“家长自我”面孔，是他个性的反映，与他长期处在领导位置的原因有关，是客人的正常表现，她一定要根据客人的“家长自我”特点，用“成人自我”的心理素质，熟练、稳健地为他提供满意的服务。

张妹妹做好充分的心理准备之后，在礼貌用语和操作服务等方面，小心谨慎，听话顺从，没有丝毫怠慢，使客人的“家长自我”个性得到充分的展现，客人非常满意，后来，成了中餐厅的回头客。

2. 每6～8人组成一组，以小组为单位，围绕以上情景分为两小组，一小组提出可能的来客，一小组分析每一类型的客人服务需求心理预期，把握作为酒店服务人员面对如此客人所必备的心理素质，再角色扮演并就来客的心理进行设计。

3. 各小组以各种形式（照片、视频、漫画、小品演示等）记录下来，并做一些简单的解释。

知识链接

一、以“成人自我”的面孔，出现在客人面前

酒店对服务员心理素质要求的核心是，必须以“成人自我”的面孔出现在客人面前，才能在对客服务中，让“成人自我”战胜“儿童自我”或“家长自我”，才能不断地进行自我超越。即自己能够战胜性格中固有的“儿童自我”和“家长自我”，让“成人自我”始终占主导地位，这是衡量酒店服务员心理素质是否合格的标准之一。否则，就会给客人带来不愉快，甚至使喜气洋洋的客人感到扫兴，有可能使酒店从此失去一个“回头客”，给酒店带来不应有的损失。

二、以“成人自我”超越“家长自我”和“儿童自我”

每一名将要到酒店工作的服务员，都要经历这“三个自我”不断超越的心理发展过程。

1. “家长自我”对“儿童自我”的超越

这是每一个酒店服务员，在每天的工作经历中，不断升华的成人思维过程。这种思维是对“儿童自我”欲望和感情的控制和超越。

2. “成人自我”对“家长自我”的超越

这也是在工作经历中不断思考、感悟后的超越，是一种独立自主、恰到好处地与客人和谐相处的最终超越。如果一个酒店服务员在短时间内不能达到这种心理超越，就无法适应酒店行业这个特殊的生存环境，更谈不上成就感。

3. 超越“家长自我”和“儿童自我”的标准

首先，以不变应百变。即从穿上酒店服务员工装的那一天开始，不管你的年龄大小、文凭高低，必须让“成人自我”的面孔始终展现在客人面前。

其次，在对客服务中，用“成人自我”的思维、眼光、语言和行为，与客人变化无常的“家长自我”、“儿童自我”、“成人自我”和睦相处。

再次，在为不同年龄、不同层面和不同文化素质的客人提供服务的时候，要运用不同的“成人自我”、“家长自我”、“儿童自我”面孔，为客人提供不同的心理服务模式。

三、具备完全成熟的心理素质，为客人提供最佳服务

每一个初到酒店行业工作的服务员，都要经历一个从“不成熟”到“成熟”的痛苦过程。这个过程的长短因人而异，有的人需要两三年，有的人只用一年左右。有的服务员在对客服务的过程中，善于观察和思考，能把在岗前培训班学到的理论知识和实践相结合，并针对不同客人的“三个自我”，用“成熟”的心理素质为不同的客人提供最佳服务。

四、每天坚持写工作日记

每天在日记中总结当天的工作经验和不足，针对自己工作中的不足，从自己身上查找原因，设计若干个弥补不足的方案，从中选择出一个最佳方案，第二天更加努力地工作。如果每个服务员每天都能这样坚持下去，数月之后，心理成熟期就会缩短为一年左右。

五、充满激情，尽职尽责

一名心理上成熟的服务员，虽然和正常人一样，也有个人欲望和情感，但还应该有深层次的思维。在任何情况下，都不会感情用事或随心所欲。具备成熟心理素质的服务员主要表现在他对职业的热爱和对客服务中的敬业精神，对酒店工作充满激情和尽职尽责。

任务准备

一、团队组建

本书大部分内容的学习采取小组学习的方式进行，请在规定时间（15 分钟）内自行组建学习小组（每组人数视班级情况自定）。

学生分好组后，以小组为单位坐在一起。各组坐成半圆，中间的场地空出来，便于组织活动。每组选出组长、秘书，定出组名，编好组歌，画出组徽，制定好小组格言，并记录在下表中。

组名			
小组格言			
组徽		组歌	
组长		秘书	
组员姓名	联系电话	组员姓名	联系电话

二、教师下发任务书

任务书

1. 任务目标

（1）学会共同合作、相互借鉴学习，听取老师的评价。

（2）根据气质、能力、性格的类型和行为特点，来分析、判断客人的个性并有针对性地使用服务策略。

2. 任务要求

（1）在教师指导和辅助下，以小组为单位，根据不同客人的心理需求，设计关于服务人员心理素质的情景，进行情景模拟并设计情景对话。

（2）以小组为单位，收集酒店服务人员心理素质的案例。

3. 活动规则

（1）各组自行做好计划书，明确分工。

（2）活动过程必须全体组员参与。

（3）要通过各种形式（照片、视频、漫画、小品演示等）将活动过程记录下来。

（4）任务完成后，要向全班同学汇报，并展示任务的完成过程。

任务实施

一、制订实施方案

认真分析任务，并确定好任务实施方案。

____

____

____

二、确定人员分工

任务实施过程中要明确分工任务，组长要调动组员充分表达不同的意见，形成职责清晰的任务分工表。

组员姓名	任务分工

三、过程监督

请各组成员在任务实施过程中做好过程记录，组长负责监督，全组共同完成进度监督表。

工作阶段	时间	进度描述	检查情况记录	改善措施以及建议

四、各组成员记录任务实施过程中的困难及收获

困难：____

____

小组成员想到的解决方法：____

____

本次活动的收获：____

____

五、展示活动记录

每组在任务实施过程中，可以用各种形式把本组搜集到的酒店服务人员心理素质的典型案例记录下来，分别扮演可能的来客，并分析客人服务需求心理预期，进行角色扮演，结合所学待客技巧，并以各种形式展示出来。

六、班内汇报

汇报内容包括：对本次任务完成情况的介绍、任务实施过程中遇到的困难和解决的方法、对所搜集及观察到的内容的解说等。小组互相评价，并对同学的汇报情况做好记录。

组别	汇报情况（包括任务完成情况、过程处理及搜集效果等方面）

七、归纳总结

通过本次活动，结合以下案例，进行提高训练。

有一位来自某倒闭企业的下岗女职工，到本市一家五星级酒店“二次就业”（即下岗工人到另一个单位再就业）刚满三年，由于在客房服务工作中业绩突出，被破格提升为主管。

当朋友问她“破格升迁”的秘诀的时候，她先用平和的语言讲了一句话，“今天工作不努力，明天努力找工作！”接着，就向朋友讲述了自己的“故事”。

有一次，一位中年女客人在卫生间方便的时候，不小心把手指上佩戴的戒指掉到抽水马桶里了，当女客人向她请求帮助的时候，她毫不犹豫地走进卫生间，把手伸进抽水马桶里，在里边掏了十几分钟，才把戒指掏了出来。

当她把戒指递给女客人的时候，女客人连声说：“谢谢！谢谢！我要送你一件礼物表示感谢。”她微微一笑，婉言谢绝了。

当天，女客人写了一封表扬信，送给了酒店经理。经理不仅表扬了她，还给她发了一笔奖金。从此以后，她工作更加敬业、乐业了。“有付出就有回报”，就是这样，她一次次地为客人尽心服务，获得的是一次次的“成就感”，而且使她更加“成熟”了。她准备在酒店长期工作下去，因为她热爱这个职业。

（案例来源：陈志学．饭店服务质量管理与案例解析．北京：中国旅游出版社，2006.）

思考：从该案例中你得到了哪些启示？

评价反馈

以小组为单位，结合表中标准，围绕自己在活动前后的思想、行为等变化，进行客观评价。

<table>
<tr><td colspan="4">规范及责任意识综合体现评价标准</td></tr>
<tr><td colspan="4">1. 遵守规则。
2. 能快速找到与组员的共同目标。
3. 能准确无误、无条件地接受并立即执行组内指令。
4. 能按事先确定的方案尽力完成任务。
5. 能建立良好和谐的人际关系，使工作尽快开展。
6. 能够化解任务中的障碍。
7. 能勇于承认错误，敢于承担责任。
8. 能以大局为重，调整自己的工作节奏。
9. 能在团队合作中表达自己的意见，也能虚心接受他人的建议和批评。
10. 为了实现共同目标，能牺牲自己的利益。</td></tr>
<tr><td colspan="2">活动前</td><td colspan="2">活动后</td></tr>
<tr><td>思想描述</td><td></td><td>思想描述</td><td></td></tr>
<tr><td>行为描述</td><td></td><td>行为描述</td><td></td></tr>
<tr><td>感悟</td><td colspan="3"></td></tr>
</table>

思考与练习

情景模拟：根据以下案例，进行酒店服务员心理角色代入，寻求最佳的应对措施。

随着国际旅游时代的到来，在寒暑假中，国内外大中专学生、中小学生，参加旅行社组织的旅游团队或夏令营，到全国各地旅游的“盛况”，已经成为酒店经济收入的一块“大蛋糕”。这些不同年龄、来自不同国家或地区的学生，到某个旅游目的地游览景区、景点的时候，到三星级的酒店食宿是常有的事。

有一天，位于北京长安街的某五星级酒店，迎来了一个日本少年旅游团，团内成员是一群不到 17 岁的中学生，他们都是第一次到中国旅游，第一次住进中国的豪华五星级酒店，感到特别新鲜好奇，又特别需要关爱和关注。

有一名叫作李岭的客房服务员，在为这些远离国土、千里迢迢下榻到酒店食宿的中学生提供服务时，不仅用大姐姐般的关心和慈爱，细心地为他们服务，还用“家长自我”的尊严和权威，要求他们正确使用客房内的电器设备，并不断提醒他们不要在房间内大声喧哗，使他们在入住酒店的一周内，生活得很愉快。

（案例来源：支海成．客房部运行与管理．北京：旅游教育出版社，2003.）

思考：如何合理地运用“三个自我”？

____

____

____

第三单元　心理健康需要

任务一　心理健康的核心需要

●学习目标

1. 学会运用心理健康核心需要原理，处理与客人之间的沟通与相处，以最佳的状态投入到服务接待中去；
2. 了解顾客的不同心理需求和个性化心理需求。

学习任务

1. 组建学习小组。

2. 搜集酒店服务员相关的服务案例，针对感知觉在酒店服务工作中的实践意义，在服务过程中创建优质的认知环境，并做好应对措施。

任务引入

阅读下面的案例，回答后面的问题。

【案例】

在北京某五星级酒店里，有一位刘姓人力资源部副总监兼培训部经理，他是20年前北京某旅游学院英语系的一位本科生。

该酒店1985年开业时，正是他毕业的时候，为了能够在北京生存下来，以及将来在北京发展自己的事业，他选择了到该酒店工作。

他曾经先后在客房、餐厅、前厅当过服务员，在不同的工作岗位上都能用心、专心和努力工作，而且能把自己学到的英语知识，恰当地运用到对国外客人的服务中。

他由一个前厅服务员，晋升为领班、主管、前厅部经理，5年后当了培训部经理，再过两年，被提拔到人力资源部副总监的位置上。

（案例来源：庄玉海，程清祥．现代旅游饭店管理．深圳：海天出版社，1987.）

思考：是什么成就了今天的刘总监？

任务布置

1. 情境布置：

一位客人的自述

我曾住过一家五星级酒店，当天中午到小餐厅就餐的时候，刚走到小餐厅门口，就有一位身穿旗袍的迎宾小姐，在用眼睛和我交流的时候，面带着真诚的微笑，接着轻轻地说了一句："欢迎光临。"当时，我就有了第一个体验：迎宾小姐的礼貌礼仪、微笑服务用心、专心，体现在她的有声语言和无声语言中，她一定是一名忠诚的员工。

我刚走进餐厅，就有一位服务员迎了上来，微笑地问我："先生，是您一个人用餐吗？"我点了点头。她接着说："请到这边入座。"我尾随着她的淑女一字步，走到了一张放有一束鲜花的双人小餐桌前，她微笑着说："先生，您在这里就餐可以吗？"我很满意地点了点头。

在就餐的一个小时里，她用规范的操作标准和服务技能，做了拉椅子、铺口布、递菜谱、写菜单、撤去另外一套餐具、上菜、开酒瓶、结账等一系列服务程序，不但井井有条，而且恰到好处。于是，我就有了第二个体验：这位服务员的操作规范、服务到位，不仅体现了她每时每刻都在用心地把每一个细节做好，而且体现了她对酒店的忠诚度也达到了规定的标准。因为她的忠诚服务赢得了我对酒店服务质量的认可，不仅我到这个城市洽谈生意时入住该酒店，而且和朋友聊天时，我也极力向他们推荐该酒店。这家酒店多年来入住率一直保持在90%以上，主要是因为服务人员对客人的忠诚服务赢得了回头客。

2. 每6～8人组成一组，以小组为单位，围绕以上情景分为两小组，一小组提出可能的来客，一小组分析每一类型的客人服务需求心理预期，把握作为酒店服务人员面对这些客人时所必备的心理素质，再角色扮演并就来客的心理进行设计。

3. 各小组以各种形式（照片、视频、漫画、小品演示等）记录下来，并做一些简单的解释。

知识链接

美国耶鲁大学组织行为学教授阿尔德福，曾经对心理健康的人提出了一种“核心需要”理论标准，即把人的核心需要概括为“生存需要、关系需要、成长需要”三种。根据旅游行业的特定环境，著名旅游心理学家吴正平老师，经过大量的实证调查、不断思考和感悟之后，在核心需要基础上，又提出了两种需要：“博爱需要”和“创造需要”。这里所说的“博爱”，不是指亲情之间的爱和情人之间的爱，而是一种广义的“爱”，泛指广泛地爱身边的所有人。每一个心理素质达到较高层面的人，一般都具备这种“爱”。

一、生存需要

“生存需要”是每个人第一个层面的需要，也就是最起码的吃饭、穿衣和住宿的需要。

作为一名在星级酒店工作的服务员，你不用担心这个层面的需要能否达到。因为，从你进入酒店工作的第一天开始，酒店就会为你准备好免费的一日三餐、工装和集体宿舍。一个月之后，酒店除了发基本生活费之外，还有其他劳保福利。一般情况下，旅游院校的大中专学生，如果到酒店实习半年或一年，都能享受到这种待遇。

当然，由于中国酒店“雨后春笋”般地出现，酒店服务员“供不应求”，也就有其他专业的毕业生，在半年或一年内找不到工作，为了留在大城市，先到酒店工作，以“骑着马找马”的就业选择解决了生存问题。

二、关系需要

关系需要，是服务员在进入职业角色之后第二个层面的需要。

1. 与客人的关系

作为一名星级酒店的服务员，其主要职责是为客人提供完美的服务。与客人处理好关系，是最基本的工作职责。

一是按照规范的操作程序，为客人提供个性化服务；二是用平和的心态，宽容客人，为客人提供完美的服务；三是用“成人自我”的面孔，善待客人，使“儿童自我”、“家长自我”的客人个性得到充分的展示。

2. 与领班的关系

星级酒店各部门的领班是酒店最基层的领导。作为一名合格的酒店服务员，服从领班分配，按照领班的意图，认真地完成领班交给的各项任务，是关系需要的基本核心。

根据现代酒店人力资源部的用人原则，酒店领班大多都是从该酒店服务员的岗位上提拔上来的，或是从其他酒店“挖”过来的优秀领班，对客服务“生涯”一般都在三年或五年左右，在服务操作规范和程序标准上，可以成为刚上岗员工的“启蒙老师”。为此，作为一名刚到该酒店上班的新员工，对领班应“绝对服从”，因为领班不仅是主管领导，也是你刚走进酒店这所“社会大学”，阅读“无字书”的“启蒙老师”。

如果你在这方面做好了心理准备，你就会主动、积极地服从领班的分配，接受领班各方面的指导。即使你在工作中犯了错误，领班狠狠地批评你，你也应该感谢他对你的“铁面无私”，因为他在帮助你“成长”，是为了你把工作做得更好一点。

3. 与同事的关系

一名刚到酒店工作的服务员，每天都要和来自五湖四海的新老同事相处。吃饭在同一个餐厅，住宿在同一个卧室，工作在同一种岗位，我们把它们归纳为“三同”。用一个比较恰当的比喻，称为“同事就是姐妹兄弟”。

在自己的工作岗位上，和同事互相尊重，互敬互爱。对在该酒店工作时间长的同事，拜为“老师”，把“能者”当作自己的“老师”。

三、成长需要

凡是有人生目标的社会人，无论在什么岗位上工作，都有渴望成长的需要，并且把这种成长需要，当作不断走向成功的新目标。

作为一名酒店服务员，在为客人提供服务的时候，只要专心、留心、用心，就能发现客人身上的闪光点。

1. 用欣赏的眼光去观察客人

如果你具备了渴望成长的需要，你就会把自己的眼睛当作摄像机的镜头，把客人身上的闪光点全部拍摄下来。这些闪光点经过大脑的剪辑之后，可以运用到自己的对客服务中。你的成长需要，在这个阶段就会得到满足。当这个阶段的成长需要满足之后，你还会不断地追求新的成长需要。半年或一年之后，当你回顾自己的成长经历的时候，你就会觉得自己长大了、成熟了，自我价值也就会得到实现。

2. 用“心”为客人服务

如果你每天都能用“心”地为客人服务，客人就会用赞美的眼光回报你，你就有了成就感，否则，就会有挫败感。

3. 反思工作失误

要认真查找出现问题的原因，选择一个改进服务工作的最佳方案，并在今后的对客服务中，弥补自己的不足，使自己的工作不断趋向“完美”。

4. 站在对方角度思考问题

在酒店工作，有很多不如意的地方，如果你能站在酒店经理的角度，去思考问题和处理问题，那么这将是一个成长的过程。

四、博爱需要

著名心理学家弗洛姆说：“心理健康的人，并不是为接受而给予，而是自愿给予。他们把给予当作人生的快乐。在为别人不断地给予中，使对方身心中的某些东西复苏，这种复苏过来的东西又反射给自己。所以，给予意味着他人也成为给予者，双方都分享着他们所唤起的东西赋予他们的快乐。”

1. 把帮助别人当作自己的幸福

作为一名酒店服务员，对来自五湖四海的客人，要自愿给予他们无私的帮助，这也叫“博爱”。如果具备了这一点，就能把自己的“爱”，无私地奉献给别人，激发和点燃对方的生命之火，以此唤醒对方潜意识中的“博爱”。对方在接受了你自愿给予的“博爱”之后，也会受到启发和感染，向他人奉献无私的“博爱”。你把这种“爱”的火炬传递下去，就会有一种“幸福”的体验。

2. 让知识转换为能力

目前，全球已经进入了一个知识经济时代，我们就从中国酒店的服务理念这个角度，去重新审视和思考“知识”的定义。

作为一名心理素质合格的服务员，必须把“无字书”和有字书融为一体。具备这种知识的人，一般都能达到一个较高的“博爱”层面。凡是达到这个“博爱”层面的人，一般都具备了把自己的生命活力和博爱能力奉献给他人的能力，以及点燃他人的生命之火，从而唤醒他人的“博爱”能力和生命活力的成熟心理。

五、创造需要

人的价值，在于最大限度地发挥自己的潜能。有眼睛，用它来看世界；有耳朵，用它来听八方；有一副好嗓子，就要努力成为歌唱家；有一个好脑筋，就要努力成为科学家……也就是说，你能够达到一个什么样的目标，就要努力地去达到这个目标，你能够成为一个什么样的人，就要努力去成为这样的人。只有充分发挥创造的潜能，才能实现人生的价值。

1. 想客人之所想

作为一名合格的酒店服务员，在为客人提供服务时，能想客人之所想，根据不同客人的个性化需求，展现服务员的个性魅力，不但能使客人感到满意和惊喜，而且能使自己的创造潜能充分发挥出来，自己的创造价值也能在最大程度上得到实现。

2. 急客人之所急

酒店服务员根据客人的心理需求，为客人提供优质的服务，不仅表现在“想客人之所想”的服务层面上，还要在“急客人之所急”的创造性服务中，挖掘自己的创造潜能，为客人解决燃眉之急，使自己的创造价值在对客服务中得到真正实现。

任务准备

一、团队组建

本书大部分内容的学习采取小组学习的方式进行，请在规定时间（15 分钟）内自行组建学习小组（每组人数视班级情况自定）。

学生分好组后，以小组为单位坐在一起。各组坐成半圆，中间的场地空出来，便于组织活动。每组选出组长、秘书，定出组名，编好组歌，画出组徽，制定好小组格言，并记录在下表中。

组名			
小组格言			
组徽		组歌	
组长		秘书	
组员姓名	联系电话	组员姓名	联系电话

二、教师下发任务书

任务书

1. 任务目标

（1）学会共同合作、相互借鉴学习，听取老师的评价，学会运用研究酒店服务心理的常用方法。

（2）根据不同情境下客人的需求心理，了解心理学的概念和内容，掌握酒店服务心理学研究的对象和内容。

2. 任务要求

（1）在教师指导和辅助下，以小组为单位，根据不同客人的心理需求，设计关于服务人员心理素质的情景，进行情景模拟并设计情景对话。

（2）以小组为单位，收集酒店服务人员心理素质的案例。

3. 活动规则

（1）各组自行做好计划书，明确分工。

（2）活动过程必须全体组员参与。

（3）要通过各种形式（照片、视频、漫画、小品演示等）将活动过程记录下来。

（4）任务完成后，要向全班同学汇报，并展示任务的完成过程。

任务实施

一、制订实施方案

认真分析任务，并确定好任务实施方案。

二、确定人员分工

任务实施过程中要明确分工任务，组长要调动组员充分表达不同的意见，形成职责清晰的任务分工表。

组员姓名	任务分工

三、过程监督

请各组成员在任务实施过程中做好过程记录，组长负责监督，全组共同完成进度监督表。

工作阶段	时间	进度描述	检查情况记录	改善措施以及建议

四、各组成员记录任务实施过程中的困难及收获

困难：

小组成员想到的解决方法：

本次活动的收获：____

____

五、展示活动记录

每组在任务实施过程中，可以用各种形式把本组搜集到的酒店服务人员心理素质的典型案例记录下来，分别扮演可能的来客，并分析每一类型的客人服务需求心理预期，进行角色扮演，结合所学待客技巧，并以各种形式展示出来。

六、班内汇报

汇报内容包括：对本次任务完成情况的介绍、任务实施过程中遇到的困难和解决的方法、对所搜集及观察到的内容的解说等。小组互相评价，并对同学的汇报情况做好记录。

组别	汇报情况（包括任务完成情况、过程处理及搜集效果等方面）

七、归纳总结

通过本次活动，结合以下案例，进行提高训练。

某市有一家三星级酒店，由于管理体制不完善、淡季客源不足、服务质量跟不上等多方面原因，导致酒店经济效益不佳，员工的工资待遇和福利不尽如人意，如每月工资低于本市同类酒店、月奖金少于100元、工作时间超过了八小时、部门经理对员工的人文关怀欠佳等。

小吴是个大学生，来自农村，为了在这个大城市里生存下来，就到该酒店当了一名前厅服务员。她在平时的工作中，虽然心里面有很多抱怨，但从不在同事中随意发泄，更不在客人面前流露。

她运用换位思考的方法，利用班会时间，直接向酒店经理和部门经理提了一些合理化建议，如怎样改进酒店管理体制、怎样拓展酒店经营思路、怎样提高酒店的知名度、怎样在淡季采取适当的促销手段吸引客人、如何提高服务质量等。

一个月以后，小吴的建议得到了经理的认可，而且还被采纳了。

（案例来源：余炳炎．现代饭店管理．上海：上海人民出版社，2002.）

思考：从案例中体现了小吴的哪些优秀心理素质？她的处事方式如何？

评价反馈

以小组为单位，结合表中标准，围绕自己在活动前后的思想、行为等变化，进行客观评价。

<table>
<tr><td colspan="4">规范及责任意识综合体现评价标准</td></tr>
<tr><td colspan="4">1. 遵守规则。
2. 能快速找到与组员的共同目标。
3. 能准确无误、无条件地接受并立即执行组内指令。
4. 能按事先确定的方案尽力完成任务。
5. 能建立良好和谐的人际关系，使工作尽快开展。
6. 能够化解任务中的障碍。
7. 能勇于承认错误，敢于承担责任。
8. 能以大局为重，调整自己的工作节奏。
9. 能在团队合作中表达自己的意见，也能虚心接受他人的建议和批评。
10. 为了实现共同目标，能牺牲自己的利益。</td></tr>
<tr><td colspan="2">活动前</td><td colspan="2">活动后</td></tr>
<tr><td>思想描述</td><td></td><td>思想描述</td><td></td></tr>
<tr><td>行为描述</td><td></td><td>行为描述</td><td></td></tr>
<tr><td>感悟</td><td colspan="3"></td></tr>
</table>

思考与练习

情景模拟：根据以下案例，进行酒店服务员心理角色代入，寻求最佳的应对措施。

某沿海城市的五星级酒店里，有一位客房部服务员叫陈红，她是一个有三年职业生涯的楼层服务员。某日下午5点多的时候，她正在楼道搞清洁卫生，听到8057房间传来一位女中年客人急促地叫她的声音“服务员，请你赶快过来……”

她立即放下自己的工作，走到8057房间的门口，礼貌地询问客人：“请问这位太太，您有什么事需要我帮助吗?”中年女客人悄悄地说:“你到我房间里来一下,我有急事。”陈红到了她的房间之后,客人告诉她,她要在晚上7点去参加一个老朋友的宴会,但在穿衣服的时候,不慎把自己心爱的红色缎子旗袍撑破了……

(案例来源:刘伟.现代饭店客房部服务与管理.广州:广东旅游出版社,2000.)

思考:假如你是客房服务员陈红,你会怎么做?

任务二　客人消费动机的激发

●学习目标

1. 学会运用心理学原理,把握客人消费的动机类型,以及如何激发客人消费的心理应对措施;
2. 了解顾客的不同心理需求和个性化心理需求。

学习任务

1. 组建学习小组。

2. 搜集酒店服务员相关的服务案例,并针对不同类型的客人激发其消费欲望,把握好有个性化心理需求的来客,并做好应对措施。

任务引入

阅读下面的案例,回答后面的问题。

【案例】

杭州黄龙酒店曾经采用办节的方式,每月都推出一个特色菜,如4月的宁波特色菜、

6月的夏威夷风情节等。炎夏将至，又因地制宜，选择花园、游泳池，搞起周末花园烧烤等。客人坐在花丛中，望着一池碧波，边烤边吃，享尽无穷逸致。

（案例来源：严伟．饭店前厅与客房管理．上海：上海交通大学出版社，2004.）

思考：杭州黄龙酒店激发客人消费的措施是什么？效果如何？

____

____

____

任务布置

1. 情境布置：餐厅服务员小王正在西餐厅工作时，有一位外国游客Tonny先生示意点菜，当小王走近时，Tonny先生问小王该餐厅有什么特色菜式，味道如何，如果不吃辣的话，有哪些菜推荐。此时此刻，作为小王的你应如何进行菜牌推销，来激发客人消费的欲望？

2. 每6~8人组成一组，以小组为单位，围绕以上情景分为两小组，一小组提出可能的来客，一小组分析客人服务需求心理预期，把握作为酒店服务人员面对如此客人所必备的心理素质，再角色扮演并就来客的心理进行设计。

3. 各小组以各种形式（照片、视频、漫画、小品演示等）记录下来，并做一些简单的解释。

知识链接

一、提供有特色的、个性化的产品和服务

特色鲜明、个性独到的产品和服务，最能吸引客人来消费。因为动机的产生与主体需要有关，而作为主体的客人都有自己的个性。酒店应该创造条件，为客人提供最佳的环境、最优的服务、最好的产品、最公平的价格，使他们的各种需要得到最大限度的满足，这符合市场营销学“以顾客为中心”的经营理念。

二、实施新、奇、特的促销策略

从心理学的角度来看，人人都有求新求奇的心理，凡是有特色的事物，往往都能从众多普通的事物中凸显出来，引起人们的注意，激发人们的好奇心，使人产生探求的动机。酒店不光要提供有特色、个性化的产品和服务，更重要的是要善于利用新、奇、特的促销策略把产品和服务推销出去，激发客人的消费动机。如有些酒店通过营造悠闲的就餐环境、餐间助兴的各种辅助性活动和抽签中奖等促销手段，刺激并满足普通客人的消费需求。

三、利用营销擅长，引起客人的兴趣，有效诱导消费动机

行为动机与主体对事物的认识程度有关。对事物认识越深刻，动机就越明显。利用营销手段，我们可以将酒店的环境位置、经营内容、经营特色、产品价格、服务方式等信息传递给客人，吸引客人的注意力，使他们更加深入地了解和认识酒店，从而引起客人对酒店的兴趣，有效诱发其消费动机。

任务准备

一、团队组建

本书大部分内容的学习采取小组学习的方式进行，请在规定时间（15 分钟）内自行组建学习小组（每组人数视班级情况自定）。

学生分好组后，以小组为单位坐在一起。各组坐成半圆，中间的场地空出来，便于组织活动。每组选出组长、秘书，定出组名，编好组歌，画出组徽，制定好小组格言，并记录在下表中。

<table>
<tr><td>组名</td><td colspan="3"></td></tr>
<tr><td>小组格言</td><td colspan="3"></td></tr>
<tr><td>组徽</td><td></td><td>组歌</td><td></td></tr>
<tr><td>组长</td><td></td><td>秘书</td><td></td></tr>
<tr><td>组员姓名</td><td>联系电话</td><td>组员姓名</td><td>联系电话</td></tr>
<tr><td></td><td></td><td></td><td></td></tr>
<tr><td></td><td></td><td></td><td></td></tr>
<tr><td></td><td></td><td></td><td></td></tr>
</table>

二、教师下发任务书

任务书

1. 任务目标

（1）学会共同合作、相互借鉴学习，听取老师的评价。

（2）根据不同情境下客人的需求心理，让学生了解酒店工作对员工心理素质和职业意识的要求。

2. 任务要求

（1）在教师指导和辅助下，以小组为单位，根据不同客人的心理需求，设计关于服务人员心理素质的情景，进行情景模拟并设计情景对话，要求学生在学习和工作过程中注意培养正确的服务心理。

（2）以小组为单位，收集接待服务的案例。

3. 活动规则

（1）各组自行做好计划书，明确分工。

（2）活动过程必须全体组员参与。

（3）要通过各种形式（照片、视频、漫画、小品演示等）将活动过程记录下来。

（4）任务完成后，要向全班同学汇报，并展示任务的完成过程。

任务实施

一、制订实施方案

认真分析任务，并确定好任务实施方案。

____

____

____

二、确定人员分工

任务实施过程中要明确分工任务，组长要调动组员充分表达不同的意见，形成职责清晰的任务分工表。

组员姓名	任务分工

三、过程监督

请各组成员在任务实施过程中做好过程记录，组长负责监督，全组共同完成进度监督表。

工作阶段	时间	进度描述	检查情况记录	改善措施以及建议

四、各组成员记录任务实施过程中的困难及收获

困难：____

____

小组成员想到的解决方法：________________________

____

本次活动的收获：________________________________

____

五、展示活动记录

每组在任务实施过程中，应注意收集有关VIP客人的典型待客案例，进行角色扮演，并以小品的形式表现出来，也可通过视频进行回放，让同学们进行分享。

六、班内汇报

汇报内容包括：对本次任务完成情况的介绍、任务实施过程中遇到的困难和解决的方法、对所搜集及观察到的内容的解说等。小组互相评价，并对同学的汇报情况做好记录。

组别	汇报情况（包括任务完成情况、过程处理及搜集效果等方面）

七、归纳总结

通过本次活动，结合以下项目，进行提高训练。

训练项目：推销“王老吉”饮料。

训练方式和步骤：根据需要和动机相关理论，写一份模拟推销方案并论证它的可行性。

评价反馈

以小组为单位，结合表中标准，围绕自己在活动前后的思想、行为等变化，进行客观评价。

<table>
<tr><td colspan="4">规范及责任意识综合体现评价标准</td></tr>
<tr><td colspan="4">1. 遵守规则。
2. 能快速找到与组员的共同目标。
3. 能准确无误、无条件地接受并立即执行组内指令。
4. 能按事先确定的方案尽力完成任务。
5. 能建立良好和谐的人际关系，使工作尽快开展。
6. 能够化解任务中的障碍。
7. 能勇于承认错误，敢于承担责任。
8. 能以大局为重，调整自己的工作节奏。
9. 能在团队合作中表达自己的意见，也能虚心接受他人的建议和批评。
10. 为了实现共同目标，能牺牲自己的利益。</td></tr>
<tr><td colspan="2">活动前</td><td colspan="2">活动后</td></tr>
<tr><td>思想描述</td><td></td><td>思想描述</td><td></td></tr>
<tr><td>行为描述</td><td></td><td>行为描述</td><td></td></tr>
<tr><td>感悟</td><td colspan="3"></td></tr>
</table>

思考与练习

1. 酒店及其服务员应如何激发客人的消费动机？
2. 说说关于需要、动机、行为三者之间的关系。

学习情境二 前厅服务心理分析与待客技巧

前厅是酒店的门面，总是给客人留下深刻的第一印象和难忘的最后印象。客人预订、抵店、住店、离店阶段，对前厅服务需求心理预期各不相同。服务人员只有把握了客人的需求心理，依据需求心理的变化跟进服务，才能主动超前地为客人提供恰当的服务，令客人产生惊喜的消费体验，从而留下良好的印象。

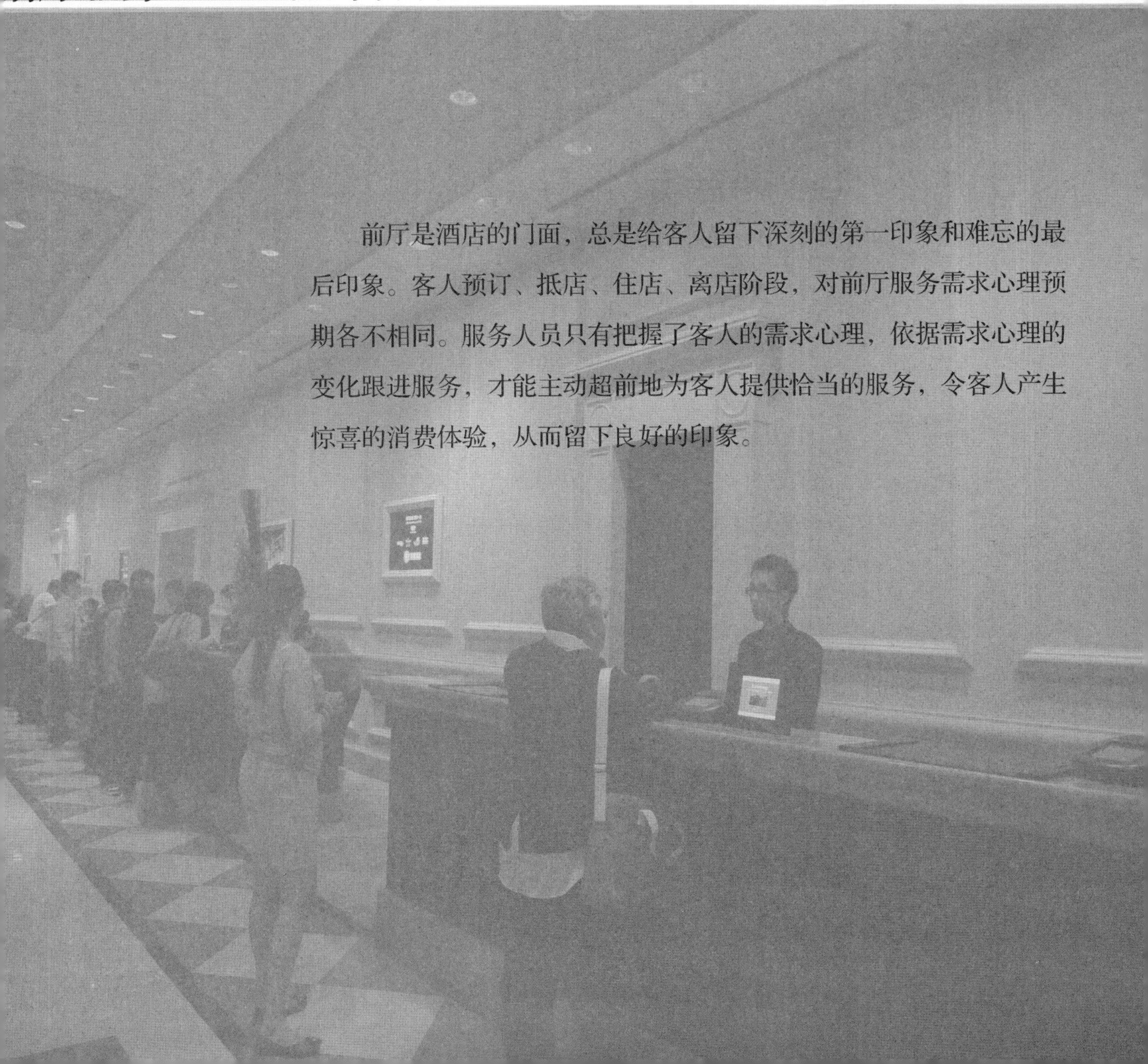

第一单元　来客服务心理分析与待客技巧

任务一　预订服务心理分析与待客技巧

●学习目标

1. 把握来客的住宿保障心理需求，学以致用；
2. 体会酒店来客的服务心理需求；
3. 逐步培养对来客察言观色的行为习惯。

学习任务

1. 组建学习小组。

2. 搜集酒店来客预订服务的相关案例，并基于特定情境设计关于“预订员”与“客人”之间的对话方案，进行模拟展示。

任务引入

阅读下面的案例，回答后面的问题。

【案例一】

某酒店的前厅服务员小曹，在为客人办理入住登记手续的时候，一位韩国客人打来了电话咨询。

小曹接听后，听不懂韩国客人说的韩语，便将电话转给另一位服务员小王，自己嘴里还不停地嘟囔着："说的什么鬼话，一句也听不懂。"并且明显地表现出厌烦的样子。

服务员小王接完电话之后，告诉小曹可能是一位韩国客人的咨询，她也听不懂，只是用自己掌握的一点英语知识，敷衍了事地把酒店的房价给客人报了一遍，因为对方没有听懂，很生气地挂断了电话。

小曹和小王接电话的整个过程，被正要办理入住登记手续的客人看在眼里，记在心上，对这两位服务员产生了不好的印象：第一，工作责任心差；第二，服务态度差；第三，不懂装懂。

客人经过短时间的思考后，对小曹和小王说："对不起，我要退房，要到对面的宾馆里住宿。"

（案例来源：孟庆杰，唐飞．前厅客房服务与管理．大连：东北财经大学出版社，1999.）

【案例二】

2012 年 4 月 16 日上午 8 时，北京郊区某旅游度假村的大堂经理，接到了客房部经理让大堂副理转交的一封信，这封信是用精致的红色信封装的，没有封口的信封上面写着：请转交酒店董事长，落款是某局某人。大堂经理张小姐看了信封，突然一怔，误认为入住酒店的局长大人要投诉，就打开了信封，只见上面写着：

尊敬的董事长：您好！

我已完成日本半年的学业，最近回国了，半年多没有见到您了，您好！几天来，我陪全国绿化办的领导和北京师范大学的领导，在贵酒店开会，对客房服务员用心、细致和周到的服务很满意，并且留下了美好的印象。特别让我们感动的是四楼的客房服务员，为了满足领导和同志们的心理需求，用心观察，周到服务，及时满足了我们的个性化需求。在此，我代表与会的领导和同志，向你们表示衷心的感谢！

最后，祝您天天有一个好心情，酒店天天财源滚滚来！

××局：张某

2012 年 4 月 15 日

（案例来源：孟庆杰，唐飞．前厅客房服务与管理．大连：东北财经大学出版社，1999.）

1. 在案例一中，导致客人立即退房的原因是什么？

____

____

2. 从案例二中，你得到了哪些启示？

____

____

任务布置

1. 情境布置：晚上 10 点钟，两位看上去 70 多岁的客人来到宾馆下榻。他们带着重重的行李，神情十分疲惫。从预订信息知道他们是一对夫妇，刚从国外探亲归来。请问如果你是前台接待人员，你将怎样了解来客的心理，制定适合的接待方式？

2. 每 6 ~ 8 人组成一组，以小组为单位，围绕以上情景分为两小组，一小组提出可能的来客，一小组分析每一类型的客人服务需求心理预期，再角色扮演并就来客的心理进行设计。

3. 各小组以各种形式（照片、视频、漫画、小品演示等）记录下来，并做一些简单的解释。

知识链接

一、酒店前台环境布局

前台是整个酒店对外展示的平台，是客人进入酒店最先看到的景象。虽然客人在前台停留时间较为短暂，但形成的印象会在脑海中保留很长的时间。因此，前台的环境和布局应合理、和谐、注重美感，充分利用环境对人的心理作用，带给客人美观、舒适的感受。

二、前台员工的仪容仪表

前台员工的仪容仪表是酒店服务理念的外在体现，是给客人良好印象的重要条件。整齐美观的制服、精致淡雅的妆容、端庄大方的仪表，都会让客人发自内心地产生信赖感和亲近感，使客人有种“客人至上”、“宾至如归”的心理效果，从而留下良好的第一印象。

三、前台员工的言行态度

前台服务人员的语言和态度会直接影响到客人的心理活动。有的可能彬彬有礼，但欠缺诚恳热情；有的可能表面恭敬尊重，但内心倨傲无礼。这些都是客人内心极易感受到的。因此，在服务过程中，前台员工要用热情友好的言语接待客人，服务态度也应该尽真尽诚，给客人留下亲切、愉快的感觉，赢得良好的印象。

四、前台员工的服务技能

前台的服务项目较多，服务人员必须要有娴熟的服务技能，才能给客人留下良好的初始印象。前台服务人员只有掌握专业化、系列化的岗位服务技能，才能使客人感到服务是真正方便、周到、亲切和舒适的。如前台员工为客人办理入住手续时，需要具有熟练的查询技能、住房分配与登记技能等。

五、预订服务心理分析与待客技巧

客房预订是许多客人每次酒店消费的始点，完美的服务总是在物质和精神等不同的层面愉悦客人，所以预订服务除了令客人获得称心的客房、酒店服务信息，以及酒店所承诺的接站、行李服务等各种便利之外，还会领略到彬彬有礼、善解人意、主动细致的服务。客人一旦在预订过程中体验到这些美好的预期，便会更加信任酒店，并为酒店后续服务打下较好的基础。

1. 住宿保障的心理预期

住宿是客人外出旅行中必需的生活需要，于是通过预订服务选择称心客房，解除在外“无家可归”之忧，就成为客人的心理预期。在预订服务过程中，首先要根据客人需要的房间类型、房间数量、入住时间、住店夜次等情况，做出是否立即接受客人预订的答复。如果客人的住房要求酒店不能够满足，应根据客人的预订情况，建议客人改变入住时间或改变客房类型；如果客人无法改变，酒店还应提供介绍其他酒店的服务，总之要千方百计帮助客人解决住宿问题。一旦无法落实住宿问题，大多数客人会被迫取消既定的行程。

2. 提前认知酒店、获取信任的心理预期

在预订过程中，客人通过预订员介绍的酒店等级、位置、服务项目、收费等情况，进一步认知酒店，并体验酒店的服务水准，酒店在客人心目中的信任度也得到进一步提升。

酒店预订服务应注重掌握客人的这一心理预期，并依据客人的个性化需求，彬彬有礼、百问不厌，提供细致周到的服务，表现出良好的服务素养和职业精神。

3. 获得尊贵的心理预期

倾听客人意见，尊重客人选择，尽心为客人着想并当好参谋。在预订结束前，复述关键性预订信息，获得客人确认；像老朋友一样关心客人航班，提出是否需要接站、行李服务；在客人允许的前提下，发给客人订房确认书；在客人抵店前，进行 2 ~ 3 次订房核对，这些都会令客人感到服务的可靠和自身的尊贵。

4. 寻求便利的心理预期

酒店提供电话、传真、信函、面谈、网络等预订方式，客人可以选择自己方便的方式订房。当客人决定外出时，几乎在第一时间选择联系入住的酒店，期望酒店服务能够提供便利。

六、酒店来客服务心理需求

1. 寻求礼遇与尊重的心理需求

当客人踏入酒店时，在前台寻求礼遇与尊重的心理需求特别强烈和敏感。他们期望前台能热情隆重地接待，能看到微笑的脸庞，能听到礼貌的语言；期望自己的人格、隐私、爱好、信仰等都能被尊重；期望前台服务人员能耐心地倾听自己的要求，仔细解答提出的问题。这种要求礼遇与尊重的心理，使客人期望进入一个得到重视，令人愉快的环境氛围之中。

2. 寻求真诚与友好的心理需求

通常来讲，客人对真诚、友好的心理需求会体现在对酒店服务消费的全过程中。在前台与接待员直接的沟通交流更深刻地影响着客人的服务质量体验。因此，客人在到达前台后，在对酒店服务产生心理体验的评价时，会将服务人员是否真诚、友好放在首位。

3. 寻求便捷服务的心理需求

客人对于酒店的想象往往是温馨的，如同家里一样方便体贴。在前台办理入住登记或离店手续时，他们对时间较为敏感，不希望在前台耽误较长的时间，如果耗时较长、手续繁复，往往会降低顾客对酒店的归属感、亲切感及便捷度的感知水平。因此，酒店前台高效专业、熟练快速的服务水准对客人的心理体验构建是较为重要的。

任务准备

一、团队组建

本书大部分内容的学习采取小组学习的方式进行，请在规定时间（15 分钟）内自行组建学习小组（每组人数视班级情况自定）。

学生分好组后，以小组为单位坐在一起。各组坐成半圆，中间的场地空出来，便于组织活动。每组选出组长、秘书，定出组名，编好组歌，画出组徽，制定好小组格言，并记录在下表中。

组名			
小组格言			
组徽		组歌	
组长		秘书	
组员姓名	联系电话	组员姓名	联系电话

二、教师下发任务书

任务书

1. 任务目标

（1）学会共同合作、相互借鉴学习，听取老师的评价，并学会适应、满足和引导消费者的心理需要。

（2）根据不同情境下客人的需求心理，对消费者在酒店消费过程中的心理和行为表现有基本的了解和把握。

2. 任务要求

（1）在教师指导和辅助下，以小组为单位，完成分组情景表演：预订接待服务的情景模拟，并就如何接待酒店的熟客设计情景对话。

（2）以小组为单位，收集预订接待服务的案例。

3. 活动规则

（1）各组自行做好计划书，明确分工。

（2）活动过程必须全体组员参与。

（3）要通过各种形式（照片、视频、漫画、小品演示等）将活动过程记录下来。

（4）任务完成后，要向全班同学汇报，并展示任务的完成过程。

任务实施

一、制订实施方案

认真分析任务，并确定好任务实施方案。

二、确定人员分工

任务实施过程中要明确分工任务，组长要调动组员充分表达不同的意见，形成职责清晰的任务分工表。

组员姓名	任务分工

三、过程监督

请各组成员在任务实施过程中做好过程记录，组长负责监督，全组共同完成进度监督表。

工作阶段	时间	进度描述	检查情况记录	改善措施以及建议

四、各组成员记录任务实施过程中的困难及收获

困难：

小组成员想到的解决方法：

____

本次活动的收获：____

____

五、展示活动记录

每组在任务实施过程中，可以用各种形式把本组搜集到的预订接待服务的案例记录下来，分别扮演可能的来客，并分析每一类型的客人服务需求心理预期，进行角色扮演，结合所学待客技巧，并以各种形式展示出来。

六、班内汇报

汇报内容包括：对本次任务完成情况的介绍、任务实施过程中遇到的困难和解决的方法、对所搜集及观察到的内容的解说等。小组互相评价，并对同学的汇报情况做好记录。

组别	汇报情况（包括任务完成情况、过程处理及搜集效果等方面）

七、归纳总结

通过本次活动，请你就满足来客礼遇与被尊重的心理预期，探讨待客技巧。

____

____

____

____

____

____

____

评价反馈

以小组为单位，结合表中标准，围绕自己在活动前后的思想、行为等变化，进行客观评价。

<table>
<tr><td colspan="4">规范及责任意识综合体现评价标准</td></tr>
<tr><td colspan="4">1. 遵守规则。
2. 能快速找到与组员的共同目标。
3. 能准确无误、无条件地接受并立即执行组内指令。
4. 能按事先确定的方案尽力完成任务。
5. 能建立良好和谐的人际关系，使工作尽快开展。
6. 能够化解任务中的障碍。
7. 能勇于承认错误，敢于承担责任。
8. 能以大局为重，调整自己的工作节奏。
9. 能在团队合作中表达自己的意见，也能虚心接受他人的建议和批评。
10. 为了实现共同目标，能牺牲自己的利益。</td></tr>
<tr><td colspan="2">活动前</td><td colspan="2">活动后</td></tr>
<tr><td>思想描述</td><td></td><td>思想描述</td><td></td></tr>
<tr><td>行为描述</td><td></td><td>行为描述</td><td></td></tr>
<tr><td>感悟</td><td colspan="3"></td></tr>
</table>

思考与练习

1. 请以满足来客真诚与友好的心理预期为主题列出典型待客技巧案例。
2. 请以满足来客寻求便捷的心理预期为主题列出典型待客技巧案例。

任务二　前厅服务人员销售客房的技巧

●学习目标

1. 学会销售客房的技巧和方法；
2. 体会酒店来客服务心理需求；
3. 懂得在不同场合运用不同沟通技巧的方法。

学习任务

1. 组建学习小组。

2. 搜集前厅服务人员销售客房的相关案例，并分组情景表演前厅服务员如何接待有生理缺陷的客人。

任务引入

阅读下面的案例，回答后面的问题。

【案例】

位于北京长安街的某五星级酒店前厅的总台服务，在北京的酒店行业很有口碑。

2007 年 7 月 30 日的深夜，当时正在该酒店值夜班的刘颖接到一个电话："我的朋友出差住在你们的酒店，由于没有他最近刚换过的手机号，和他联系不上，能不能帮我查一下他住的房间号，他家里有急事，委托我赶快找到他。"

刘颖接到这个电话之后，答应马上帮他联系，并让他把对方的姓名、入住酒店的日期和身份证号码告诉她，等前厅值班的服务员在登记本上查到之后，马上告诉他。

但前厅值班的服务员在当天的入住登记本上查遍所有客人的"客史"资料，也没有查到这位客人的名字和身份证号码，只有一星期前的一次预订，但客人没有来入住，也没有撤销预订。当她把这个结果告诉对方的时候，对方用近乎哀求的语气说："小姐求求你，能不能通过你们的总机电话帮我查找一下，因他家人特别着急。”

按照总台服务的操作规范和服务标准要求，刘颖的服务就可以到此为止了，但她根据对方的请求，判断出如果在当天夜里找不到入住另外一家酒店的客人，一定会给这家人造成很大的心理创伤，既然远方的电话求助了自己，其实也是在求助酒店，酒店总机服务的形象和口碑，不就是以能急客人之所急，为客人提供快速、最佳的服务而美名在外吗?

于是，在夜深人静的深夜里，她用半个小时的时间，查遍了北京所有的三星级以上的酒店前厅服务台，终于在一个郊区的三星级酒店里，找到了这位来京办事的客人的房间号，当她把这个信息告诉对方的时候，对方连声说“谢谢”，并表示如果他到北京办事或开会，一定要入住她这家酒店。

三天后，正在总机房值班的刘颖，接到了一个感谢电话。原来对方就是那位她夜半三更寻觅的客人，三天前来京办事，原计划住到这家五星级酒店，由于在机场遇到了二十年没有见面的老同学，为了和老同学叙旧，就临时改变了主意，住到了老同学一周前预订的郊区三星级酒店里。当朋友告诉他事情的经过之后，他很感动，就打电话表示感谢，并说下次到北京办事，一定不改变主意，并且当面感谢她。

（案例来源：乐盈．餐饮服务与管理（第二版）．北京：旅游教育出版社，2005．）

思考：该案例中体现了服务员的何种心理服务？

任务布置

1. 情境布置：早上 10 点钟，从前台的不远处走来一位脚瘸的男性客人，年纪在 30 岁左右，作为前厅服务员如何向这位客人推销客房，同时注重个人的言语与沟通技巧。

2. 每 6 ~ 8 人组成一组，以小组为单位，围绕以上情景进行前厅服务员如何接待有生理缺陷的客人，同时推销相应的客房的情景表演。

3. 各小组以各种形式（照片、视频、漫画、小品演示等）记录下来，并做一些简单的解释。

知识链接

前厅服务人员销售客房技术高超，不仅能令客人愿意接受预订或客房安排，提高客房出租率，还能提升客人对酒店的服务满意程度，并愿意接受前厅客房以外的酒店其他服务产品，增加酒店综合收入。前厅服务人员销售客房的技巧如下：

1. 能够准确地介绍客人感兴趣的酒店情况

客人感兴趣的酒店情况包括：酒店所处的地理位置及交通情况；酒店的建筑、装饰、

布置的风格与特点；酒店的等级与类型、酒店产品价格、相关政策和规定；酒店的服务设施、项目及特色；酒店的客房等。

2. 表现出优雅的礼仪

无论是常客还是新客，对酒店的体验首先从前厅服务人员的仪容仪表和言谈举止开始，所以前厅服务人员应真诚微笑、彬彬有礼、语言礼貌，既能够快捷规范，又善于随机应变。

3. 善于根据客人不同的心理预期，提供个性化服务

客人有不同的心理预期，如商务客人不计较房价，对服务要求甚高；旅游客人要求房间舒适，但房价预算有限；老人要求客房靠近电梯，楼层低，行动方便等。前厅服务人员要善于根据客人不同的心理预期，提供个性化服务。多向客人做正面介绍，多提建议，利用手中图片展示客房，必要时引领客人参观客房，做好针对性介绍。

4. 讲究语言的艺术性，准确描述客房

前厅服务人员讲究语言艺术性，注意吐字清楚、语速适中、态度诚恳、表达切题、耐心细致，既按照客人的想法表述，做好助手、参谋，又能够以行家的身份建议，并掌控交谈的走势，用客人熟悉、理解的语言准确描述客房的特色，注意描述生动，满足客人的核心利益、关注客人的需求兴趣、洞察客人新的需求，如通过其他客人对某客房的美好体验，激起或提升客人的需求兴趣。

任务准备

一、团队组建

本书大部分内容的学习采取小组学习的方式进行，请在规定时间（15 分钟）内自行组建学习小组（每组人数视班级情况自定）。

学生分好组后，以小组为单位坐在一起。各组坐成半圆，中间的场地空出来，便于组织活动。每组选出组长、秘书，定出组名，编好组歌，画出组徽，制定好小组格言，并记录在下表中。

组名			
小组格言			
组徽		组歌	
组长		秘书	
组员姓名	联系电话	组员姓名	联系电话

二、教师下发任务书

任务书

1. 任务目标

（1）学会共同合作、相互借鉴学习，听取老师的评价。

（2）根据不同情境下客人的需求心理，培养学生的酒店服务能力以及对消费者的心理分析能力，使学生具有良好的心理素质。

2. 任务要求

（1）在教师指导和辅助下，以小组为单位完成分组情景表演：前厅服务员如何接待有生理缺陷的客人，并通过角色扮演，练习待客技巧。

（2）以小组为单位，收集前厅服务人员销售客房的有关案例。

3. 活动规则

（1）各组自行做好计划书，明确分工。

（2）活动过程必须全体组员参与。

（3）要通过各种形式（照片、视频、漫画、小品演示等）将活动过程记录下来。

（4）任务完成后，要向全班同学汇报，并展示任务的完成过程。

任务实施

一、制订实施方案

认真分析任务，并确定好任务实施方案。

二、确定人员分工

任务实施过程中要明确分工任务，组长要调动组员充分表达不同的意见，形成职责清晰的任务分工表。

组员姓名	任务分工

三、过程监督

请各组成员在任务实施过程中做好过程记录，组长负责监督，全组共同完成进度监督表。

工作阶段	时间	进度描述	检查情况记录	改善措施以及建议

四、各组成员记录任务实施过程中的困难及收获

困难：____

____

小组成员想到的解决方法：____

____

本次活动的收获：____

____

五、展示活动记录

每组在任务实施过程中，可以用各种形式把本组搜集到的前厅服务人员销售客房的案例记录下来，通过角色扮演，分组情景表演前厅服务员如何接待有生理缺陷的客人，并以各种形式展示出来。

六、班内汇报

汇报内容包括：对本次任务完成情况的介绍、任务实施过程中遇到的困难和解决的方法、对所搜集及观察到的内容的解说等。小组互相评价，并对同学的汇报情况做好记录。

组别	汇报情况（包括任务完成情况、过程处理及搜集效果等方面）

七、归纳总结

通过本次活动，请你归纳：按照来客的心理预期，前厅服务人员应如何向客人销售客房？

____

____

____

____

____

评价反馈

以小组为单位，结合表中标准，围绕自己在活动前后的思想、行为等变化，进行客观评价。

<table>
<tr><th colspan="4">规范及责任意识综合体现评价标准</th></tr>
<tr><td colspan="4">1. 遵守规则。
2. 能快速找到与组员的共同目标。
3. 能准确无误、无条件地接受并立即执行组内指令。
4. 能按事先确定的方案尽力完成任务。
5. 能建立良好和谐的人际关系，使工作尽快开展。
6. 能够化解任务中的障碍。
7. 能勇于承认错误，敢于承担责任。
8. 能以大局为重，调整自己的工作节奏。
9. 能在团队合作中表达自己的意见，也能虚心接受他人的建议和批评。
10. 为了实现共同目标，能牺牲自己的利益。</td></tr>
<tr><td colspan="2">活动前</td><td colspan="2">活动后</td></tr>
<tr><td>思想描述</td><td></td><td>思想描述</td><td></td></tr>
<tr><td>行为描述</td><td></td><td>行为描述</td><td></td></tr>
<tr><td>感悟</td><td colspan="3"></td></tr>
</table>

思考与练习

情境思考：假如客人王先生是一位有洁癖的人，在选择入住客房的过程中，你应如何进行销售？

第二单元　住客服务心理分析与待客技巧

任务一　对客人进行鉴貌辨色的技巧

●学习目标

1. 掌握对客人进行鉴貌辨色的技巧；
2. 体会酒店来客的心理需求；
3. 懂得尊重来客的自尊心，观察客人的生活习惯等。

学习任务

1. 组建学习小组。

2. 搜集对来客察言观色的相关案例，分组情景表演前厅服务员为顾客购买本地特产和订购机票的住客服务，通过角色扮演，练习待客技巧。

任务引入

阅读下面的案例，回答后面的问题。

【案例】

南方某小城市，有一家二星级酒店，客务部的洗衣班里，有一位员工叫小张，刚上岗不到一个月，就被客人投诉了三次，其中一次的投诉如下。

那是2013年7月31日下午5点，主管让他到客房为客人送衣服，他在忙乱中竟然把工装的五个纽扣扣错了位置，再加上本身的体形是左肩低、右肩高，工装吊在他不太协调的身上，实在是不太雅观，何况要面对的是受尊重的客人。因为客人希望男服务员的仪表服饰、举止言行，具有洒脱干练的风度。

他抱着一大叠衣服，敲了三下门后，进入了女客人的房间，女客人看见他衣冠不整的样子，把他当作了一个流浪汉，以为他是趁保安不注意的时候，溜进酒店来，向她乞讨钱物。

在女客人盯着他，正在认真地考虑应对措施的时候，他看到了客人怀疑的目光，马上解释道："我是洗衣房新来的员工，这是为您洗好的衣服。"听了他的话，女客人才放松了警惕，不乐意地说了声："谢谢，挂到衣柜里吧！"

女客人离开房间的时候，在客房意见簿上写道："衣冠不整的洗衣工，突然闯进了我的房间，有失酒店的形象；我的衣服虽然洗净了，但心理疾病出现了，希望尽快改进。"

（案例来源：邹益民．现代饭店餐饮管理艺术．广州：广东旅游出版社，2003.）

思考：从该案例中你觉得问题出在哪里？

____

____

____

任务布置

1. 情境布置：由于商务活动进行得很顺利，欢送宴会气氛热烈，下榻国际酒店的王女士一行3人，心情格外愉快。她们打算下午购物，明天去海滨观光，便向前台询问理想的去处。前台服务人员立即意识到仅仅介绍几个可以供客人们选择的理想去处还不够，为人地生疏的客人提供更多的帮助，或许会令客人更加称心。

2. 每6～8人组成一组，以小组为单位，围绕以上情景，进行情景表演：前厅服务员为顾客购买本地特产和订购机票的住客服务。

3. 各小组以各种形式（照片、视频、漫画、小品演示等）记录下来，并做一些简单的解释。

知识链接

如何对客人进行鉴貌辨色？

1. 观察客人的衣着服饰

一个人的衣着打扮，反映出其文化修养、社会地位、职业特点、性格特点、民族特点、年龄特点、经济状况。通过观察客人的衣着服饰，依据所确定的客人角色，为客人提供称心的服务。服务人员应利用一切可以利用的机会观察客人，探究客人的心理需求。如服务人员利用会议服务的机会，观察客人，探究其心理需求预期。

2. 观察客人的面目表情

表情是内心的反映，眼睛是心灵的窗户。如与客人交谈时，对方的眼睛看远处，表示对谈话不感兴趣；而对方目光害怕与别人进行目光接触，说明其害羞或心中恐惧。

3. 观察客人的体型、肤色

客人的体型可以反映出客人的性格和生活地域的差别。居住在我国北方的人高大，而南方人较瘦小。

肤色可以提供客人的国籍、职业等方面的信息。西欧、北美等国家的客人肤色较白，非洲、南美等国客人肤色黑色较多，亚洲客人肤色以黄色为主。脑力劳动客人在办公室时间较长，肤色较白，而长期在户外工作的客人则肤色较黑。

4. 观察客人手势和走路姿态

人们的手势可以独立表达或配合语言表达自己的思想。如客人经常用手势示意需要服务，挥手表示告别等，是肢体语言表达的习惯。

人的走路姿态可以反映出一个人的性格、职业、情绪等特点。如客人步伐较快，不时看表，表明他可能有急事，需要服务优先安排，并尽可能快捷；急性子客人健步如飞；慢性子客人走路四平八稳；军人步态正规有力。

5. 观察客人的语言特点

一个人说话的内容、口音、速度、行话等可以反映出其文化修养、性格、职业、籍贯、消费目的等。在服务中根据客人们的交谈可以了解哪一位客人请客，宴请的目的等；根据客人口音可以了解客人是哪里人，从而尽量满足客人的吃、住风俗习惯。

6. 观察客人随身携带的物品和生活习惯

一般观光旅行客人的行李多为大旅行皮箱，携带照相机、摄像机；学者行李多为书籍、笔记本电脑等；商务客人的行李较少，常带公文包；回国探亲的华侨行李较多。

不同国家、地域的生活方式和风俗习惯的不同，需要服务工作者掌握，并通过观察及准确对号，提供令人满意的服务。

任务准备

一、团队组建

本书大部分内容的学习采取小组学习的方式进行，请在规定时间（15 分钟）内自行组建学习小组（每组人数视班级情况自定）。

学生分好组后，以小组为单位坐在一起。各组坐成半圆，中间的场地空出来，便于组织活动。每组选出组长、秘书，定出组名，编好组歌，画出组徽，制定好小组格言，并记录在下表中。

组名			
小组格言			
组徽		组歌	
组长		秘书	
组员姓名	联系电话	组员姓名	联系电话

二、教师下发任务书

任务书

1. 任务目标

(1) 学会在面对客人时，能对其肢体语言及面部表情进行细致的观察，并恰当运用相关服务技巧。

(2) 利用好前厅的部门，理解第一印象对酒店的重要性，读懂来客需求。

2. 任务要求

(1) 在教师指导和辅助下，以小组为单位分别进行不同前厅来客接待案例的搜集，小组间进行对于读取客人需求的经验交流。

(2) 以小组为单位，收集前厅来访客人心理特征的有关案例。

3. 活动规则

(1) 各组自行做好计划书，明确分工。

(2) 活动过程必须全体组员参与。

(3) 要通过各种形式（照片、视频、漫画、小品演示等）将活动过程记录下来。

(4) 任务完成后，要向全班同学汇报，并展示任务的完成过程。

任务实施

一、制订实施方案

认真分析任务，并确定好任务实施方案。

二、确定人员分工

任务实施过程中要明确分工任务，组长要调动组员充分表达不同的意见，形成职责清晰的任务分工表。

组员姓名	任务分工

三、过程监督

请各组成员在任务实施过程中做好过程记录，组长负责监督，全组共同完成进度监督表。

工作阶段	时间	进度描述	检查情况记录	改善措施以及建议

四、各组成员记录任务实施过程中的困难及收获

困难：____

____

小组成员想到的解决方法：____

____

本次活动的收获：____

____

五、展示活动记录

每组在任务实施过程中，把有关“鉴貌辨色”的技巧搜集记录下来，并以各种形式展示出来。每个小组针对具体的案例，归纳待客技巧。

六、班内汇报

汇报内容包括：对本次任务完成情况的介绍、任务实施过程中遇到的困难和解决的方法、对所搜集及观察到的内容的解说等。小组互相评价，并对同学的汇报情况做好记录。

组别	汇报情况（包括任务完成情况、过程处理及搜集效果等方面）

七、归纳总结

通过本次活动，请你归纳：来客常见的心理特征大概分为几类？所应对的心理技巧有哪些？（概括关键词）

____

____

____

____

____

评价反馈

以小组为单位，结合表中标准，围绕自己在活动前后的思想、行为等变化，进行客观评价。

规范及责任意识综合体现评价标准			
1. 遵守规则。 2. 能快速找到与组员的共同目标。 3. 能准确无误、无条件地接受并立即执行组内指令。 4. 能按事先确定的方案尽力完成任务。 5. 能建立良好和谐的人际关系，使工作尽快开展。 6. 能够化解任务中的障碍。 7. 能勇于承认错误，敢于承担责任。 8. 能以大局为重，调整自己的工作节奏。 9. 能在团队合作中表达自己的意见，也能虚心接受他人的建议和批评。 10. 为了实现共同目标，能牺牲自己的利益。			
活动前		活动后	
思想描述		思想描述	
行为描述		行为描述	
感悟			

思考与练习

1. 作为前厅的服务人员，每天都要接待形形色色的客人，应如何接待？

2. 在学习与生活当中，注重与同学和老师进行有效的沟通，积极培养自身良好的心理素质，具有较强的适应酒店服务行业的工作能力。

任务二　客我沟通技巧

●学习目标

1. 学会客我沟通的技巧；
2. 体会酒店来客的心理需求及沟通需要；
3. 懂得尊重来客的自尊心，观察客人的生活习惯等。

学习任务

1. 组建学习小组。

2. 搜集来客服务对话的相关案例，分析不同情境下客人的心理需求，评述是否恰当运用了服务语言技巧，探讨如何优化服务语言，做好互评。

任务引入

阅读下面的案例，回答后面的问题。

【案例】

“十一”黄金周期间，两位外地游客来到某大酒店的大堂。

“小姐，请给我们查一下我们的预订。”其中一位游客问。“先生，你们只预订了一天的标准间，是吗?”前厅服务员小刘查阅了一下预订单便对客人说。“公司为我们预订的客房明明是三天，怎么现在变成了一天呢?”客人听了很不高兴。“这两天是旅游旺季，现在房间特别紧张，当时已经跟你们公司说过了，他们也同意了。”小刘仍用呆板的语气说。“我根本没有兴趣也没有必要去追究预订客房差错的责任问题。你们必须要解决我们的住宿问题，反正明天我们不走，你们看着办吧。”客人说罢更加恼火了，大声吵了起来。

正当小刘与客人形成僵局之际，大堂副理闻声赶来，首先他让客人慢慢地把要求说完。“你们的要求是正确的，眼下追究责任并不是主要的。不过这几天正是旅游旺季，双人标准间也很紧张，你们看这样行不行，我设法安排一间套房，请你们明后两天继续住在我们酒店，虽然套房房价要高一些，但设备条件非常不错。”大堂副理以抱歉的口吻说。“那怎么行，说好的又要变，开黑店啊。”客人不满意地说。

“对不起先生，实在是非常抱歉，这样吧，以我的权限，我给你们打个八折好吗，对比您现在的房价差 100 元。”大堂副理继续以商量的口吻说。“那就这样吧。”客人觉得这位大堂副理的态度是诚恳的，提出的补救办法也还可以接受，于是点头同意了。

（案例来源：余炳炎．现代饭店管理．上海：上海人民出版社，2002.）

思考：大堂副理成功解决问题的关键在哪？对你有什么启示？

任务布置

1. 情境布置：根据以下表格的服务对话，分析不同情境下客人的心理需求，评述是否恰当运用了服务语言技巧，探讨如何优化服务语言。

散客入住接待服务中客人的需求心理分析与服务语言技巧评述

对话实例	客人的需求心理分析与服务语言技巧评述
接待员:您好，先生。住店吗? 客人：是的。	
接待员：有预订吗? 客人：有的，IB 公司昨天给我预订的。 接待员：好的，请您稍等……让您久等了，您是王先生，对吗? 客人：是的。	
接待员：IB 公司给您预订了今天至后天也就是 5 月 1 日至 3 日的一间豪华套房。需要看一下您的身份证。 客人：好的，给你。 接待员：王先生，给您安排的房间是 1718 号，这间豪华套房既漂亮又舒适，您会喜欢的。 客人：那太好了。 接待员：谢谢。您的房间是 1718 号，在 17 楼 18 号房，5 月 3 日离店，您还有什么需求? 客人：没有了。	

（续上表）

对话实例	客人的需求心理分析与服务语言技巧评述
接待员：您的所有费用都由 IB 公司来结账，请确认入住登记表上的内容（边说边递送登记表），（关注客人确认情况）这里需要您的签字。 客人：好的。	
接待员：谢谢，这是您的身份证、房卡和钥匙，请您保管好。现在是晚餐时间，客人们都非常喜欢酒店中的美食，这是餐厅介绍，欢送您前去品尝。 客人：好的。 接待员：请那边走，电梯在那儿。祝您愉快。 客人：谢谢。	

2. 每 6 ~ 8 人组成一组，以小组为单位，围绕以上情景，进行情景表演，分别为三个主题：

（1）为满足住客有求必应、百问不厌的心理预期，探讨待客技巧。

典型待客技巧举例：____

____

（2）为满足住客恰当建议、尊重选择的心理预期，探讨待客技巧。

典型待客技巧举例：____

____

（3）为满足住客善解人意、服务完美的心理预期，探讨待客技巧。

典型待客技巧举例：____

____

3. 各小组以各种形式（照片、视频、漫画、小品演示等）记录下来，并做一些简单的解释。

知识链接

如何做好客我沟通？

对于酒店前台而言，向客人提供服务的过程，必然伴随着服务人员与客人之间良好有效的沟通。探讨客我沟通中的心理因素，找出其中的一般心理规律，也是酒店前台实现优良服务所必需的。

一、酒店前台服务的客我沟通过程

客人在酒店前台向服务人员询问各种问题，前台服务人员向客人提供相关问题的解答是一种沟通；前台服务人员向客人就酒店的各项设施和服务作出讲解、说明和建议，客人接收并理解这些信息也是一种沟通。这些沟通行为以语言为主要媒介，旨在顺利向客人提供有效服务。客我沟通过程中，传递的信息是通过一定的通道传达至接收者处。其中表述或者传达信息时，一般需要把这种以头脑中的想法为主的信息源加以编码，再经过通道被接收者解码。编码和解码的过程事实上就是一个服务心理活动的过程。

二、影响客我沟通有效实施的因素

影响客我沟通顺利实施的因素有很多，包括信息发出和接收双方的情绪、知识、态度、社会文化背景等。在酒店前台服务中，有效的沟通一定来自客我双方的协调配合，无效或低效的沟通会给客人带来不愉快的体验。客我沟通障碍的产生一般而言源于以下几个因素：

1. 语言理解有差异

如果语言理解有差异，沟通必然出现问题。如果客人来自外语国家，语言产生的沟通障碍就显得尤为严重。或者客人来自方言地区，也可能会造成前台服务人员与其沟通不便的问题。如果前台服务人员对于客人语言表达使用不当，可能会导致客人对服务的认知偏差，产生误解，从而导致交流和沟通的失败。

2. 不善于聆听或过早评价

在前台服务过程中，如果服务接待人员不能够耐心倾听客人的诉求，面对客人的问询、质疑甚至投诉的时候，就容易出现盲目解释、急于辩解等状况。这可能会导致客人的需求得不到有效满足，沟通无法顺利进行，对于前台的秩序及酒店的形象等也都会有一定的负面影响。因此，前台服务人员应该是善于聆听的人，在客人提出建议或意见之时应试图去理解他们的话，以设身处地的态度，了解事情的全部状况，而不是急于判断、草率地发表意见。

3. 不同的情绪感受会使个体对同一信息的解释截然不同

如果客人或服务人员在情绪上感觉糟糕，会深刻影响到沟通效果。如客人可能会无理取闹，服务人员可能会消极怠工等。在客我沟通过程中，如何引导客人的情绪，并控制好自身的情绪，也是前台服务人员应该掌握的服务技能之一。其中包括沟通气氛的营造，使用柔性语言、眼神、手势、微笑等肢体语言和表情，这对客人的情绪能起到安抚和平静的作用。

4. 服务人员提供的服务信息量过度

前台服务人员为了达到良好的服务效果，热情而真诚地向客人提供各方面的信息，但没有考虑到信息过多，可能会导致客人对这些信息不熟悉而头脑混乱，得到适得其反的效果。如前台服务员向客人介绍酒店各种设施设备时，客人可能会由于信息超过负荷，而导致对某一设施在哪一楼层、收费与否等问题产生混淆。

任务准备

一、团队组建

本书大部分内容的学习采取小组学习的方式进行，请在规定时间（15 分钟）内自行组建学习小组（每组人数视班级情况自定）。

学生分好组后，以小组为单位坐在一起。各组坐成半圆，中间的场地空出来，便于组织活动。每组选出组长、秘书，定出组名，编好组歌，画出组徽，制定好小组格言，并记录在下表中。

组名			
小组格言			
组徽		组歌	
组长		秘书	
组员姓名	联系电话	组员姓名	联系电话

二、教师下发任务书

任务书

1. 任务目标

（1）掌握与客人有效沟通的技巧。

（2）针对客人不同的心理需求，在尊重客人的前提下，恰当运用沟通技巧把握客人的关键信息。

2. 任务要求

（1）在教师指导和辅助下，以小组为单位有创造性地提炼出有关前厅客我沟通的案例，然后小组之间进行抽签，抽到有难度的案例的小组进行讨论，并进行情景表演，小组间做好互评。

（2）以小组为单位，收集前厅客我沟通的有关案例。

3. 活动规则

（1）各组自行做好计划书，明确分工。

（2）活动过程必须全体组员参与。

（3）要通过各种形式（照片、视频、漫画、小品演示等）将活动过程记录下来。

（4）任务完成后，要向全班同学汇报，并展示任务的完成过程。

任务实施

一、制订实施方案

认真分析任务，并确定好任务实施方案。

二、确定人员分工

任务实施过程中要明确分工任务，组长要调动组员充分表达不同的意见，形成职责清晰的任务分工表。

组员姓名	任务分工

三、过程监督

请各组成员在任务实施过程中做好过程记录，组长负责监督，全组共同完成进度监督表。

工作阶段	时间	进度描述	检查情况记录	改善措施以及建议

四、各组成员记录任务实施过程中的困难及收获

困难：____________________________________

____

小组成员想到的解决方法：__________________________

____

本次活动的收获：_______________________________

____

五、展示活动记录

每组在任务实施过程中，可以把自己搜集到的有效的待客之道以各种形式展示出来。

六、班内汇报

汇报内容包括：对本次任务完成情况的介绍、任务实施过程中遇到的困难和解决的方法、对所搜集及观察到的内容的解说等。小组互相评价，并对同学的汇报情况做好记录。

组别	汇报情况（包括任务完成情况、过程处理及搜集效果等方面）

七、归纳总结

通过本次活动，请你归纳作为前厅服务人员，沟通的共性有哪些？

____

____

____

评价反馈

以小组为单位，结合表中标准，围绕自己在活动前后的思想、行为等变化，进行客观评价。

<table>
<tr><td colspan="4">规范及责任意识综合体现评价标准</td></tr>
<tr><td colspan="4">1. 遵守规则。
2. 能快速找到与组员的共同目标。
3. 能准确无误、无条件地接受并立即执行组内指令。
4. 能按事先确定的方案尽力完成任务。
5. 能建立良好和谐的人际关系，使工作尽快开展。
6. 能够化解任务中的障碍。
7. 能勇于承认错误，敢于承担责任。
8. 能以大局为重，调整自己的工作节奏。
9. 能在团队合作中表达自己的意见，也能虚心接受他人的建议和批评。
10. 为了实现共同目标，能牺牲自己的利益。</td></tr>
<tr><td colspan="2">活动前</td><td colspan="2">活动后</td></tr>
<tr><td>思想描述</td><td></td><td>思想描述</td><td></td></tr>
<tr><td>行为描述</td><td></td><td>行为描述</td><td></td></tr>
<tr><td>感悟</td><td colspan="3"></td></tr>
</table>

思考与练习

1. 了解服务双重性的内涵，掌握客人在酒店的角色特征和心理需求。
2. 掌握提供满足客人心理需求的服务策略。

第三单元　去客服务心理分析与待客技巧

任务一　离店服务中客人的需求心理分析

●学习目标

1. 学会提升自身的服务接待水平，让客人有宾至如归的感觉；
2. 体会酒店去客服务心理需求，提供恰当的服务。

学习任务

1. 组建学习小组。

2. 搜集酒店前厅去客服务的相关案例，分析不同情境下客人的心理需求，评述是否恰当运用了服务语言技巧，探讨如何优化服务语言，做好互评。

任务引入

阅读下面的案例，回答后面的问题。

【案例】

一位妇人抱着一个3岁左右的小孩走进某星级酒店，她看见前台有三四位小姐站着迎接客人，便走过去向其中一位咨询住宿情况。她听完服务小姐的介绍后，决定入住，于是她把孩子放在地上，准备登记。可孩子抱着她的腿哇哇大哭。这位妇人急忙哄孩子，可孩子还是不停地大声哭闹。服务小姐默默地看着、等待着。妇人没有办法，只好又抱起孩子。就在这位妇人抱孩子起身、抬头的那一瞬间，看见一位服务小姐皱了皱眉头，显出不耐烦的样子，于是她转身走出了酒店。

（资料来源：蒋正芳，马国庆，罗怡平．旅游心理学．成都：电子科技大学出版社，2007.）

思考：妇人离去的原因不言自明。在服务接待中，影响服务感知的因素有许多，如果你是服务员会怎样做？

____

____

____

任务布置

1. 情境布置：某日14：00左右，一对年轻的夫妇带着6岁的女儿在收银处办理离店手续，这时，客房楼层来电说找不到电视机遥控器，问客人是否放在别的地方了。但客人脸色难看，坚持说没拿也不知道放在哪。就在尴尬之时，小朋友从小书包里拿出电视机遥控器，问是不是找这个。大堂副理赞扬小孩乖，送其喜欢的小礼物，并感谢他们教子有方，年轻的夫妇露出轻松的微笑。

2. 每6~8人组成一组，以小组为单位，围绕以上情景分为两小组，一小组提出可能的去客，一小组分析每一类型的客人服务需求心理预期，再角色扮演并就来客的心理进行设计。

3. 各小组以各种形式（照片、视频、漫画、小品演示等）记录下来，并做一些简单的解释。

知识链接

离店客人一般有期待善解人意、欢迎再次光顾之诚意的心理需求。因此，服务人员应把握离店客人的心理需求，提供优质服务，为客人留下美好的印象，提高客人的回头率。

一、善解人意的服务

客人离店时，一般有不要遗落物品在客房、退房查房时没有物品缺失、快速办理退房手续等心理预期，希望酒店相关服务人员能够善解人意、服务到位。

1. 认真查房，解除客人后顾之忧

酒店与客人应相互信任，认真查房。首先查看客人有无遗落物品，发现后及时归还，解决客人后顾之忧；客房物品缺失或损坏，不应主观认为客人有意或故意不告知，要心平气和地通报客人，与客人协商解决。为避免发生类似问题时责任不清，一般在客人入住时，提醒客人房内物品齐全。酒店服务特别细致，客房维护如新，既愉悦客人，又令客人清楚客房完好无损，一旦出现问题，如地毯、桌面有烟灰，客人饮用冰箱酒水没有入账等，客人通常会通情达理，配合解决。

2. 提高办理离店手续的效率

客人离开酒店后，可能马上要赶往飞机场，或者购物。在这种时候，客人需要的不是等候，而是能够快速并且准确地结账，以便能迅速离店。因此，焦虑、急切的心理表现得非常明显，前厅应快速办理好离店手续。

3. 服务人员要掌握前厅快速办理离店手续的技巧

应根据次日离店客人名单，提前核对、熟悉客人账单。由于上午 12 点前的时段退房客人较多，所以计算机管理系统要保持在结账页面。查看客人信息，留意客人的行程，征得客人同意后安排叫醒服务、行李服务。遇到客人提出快速办理退房要求时，服务人员说话和操作的速度都应加快。告知楼层服务人员快速查房，在恰当时机告知客人马上就好，令客人安心等候。如果客人早晨时间特别匆忙，可以提醒客人提前一天结账，第二天早晨结清小额尾账，退还押金即可。

二、欢迎再次光顾之诚意

1. 主动热情

服务人员除了应该熟练掌握结账的操作程序，还应努力培养自己良好的服务意识，优化服务态度。而良好的服务意识，一个重要方面就是对客服务主动，主动就是服务要先于客人开口，客人还没提出疑问或是要求，服务人员就能解除客人心中的疑问，或是提供能

满足客人要求的服务。在酒店前厅服务中，主动的服务包括很多方面，如帮客人召唤出租车，帮客人寄存行李等。

2. 耐心细致

耐心细致的服务不仅是前厅服务人员应具备的心理品质，也是酒店赢得客人积极评价的有效途径。在服务过程中，服务人员应学会有意识地控制和调节自己的情绪，面对不同客人的具体要求，应做到不厌不烦、尽力满足。即使是在工作非常繁忙时，也应对客人非常耐心、不急不躁。对爱挑剔的客人，不厌烦；对老弱病残客人，照顾细致周到。

离店服务阶段，为了让客人感到自己是酒店的贵宾，所以需要服务人员了解客人的信息，记忆关键信息，如看到客人就知道是不是住店客人。特别留意投诉过的客人，在适当时机，关心离店客人就餐、住宿是否满意、商务活动是否顺利等，既表达对客人的关心，对客人的评说和建议的关注，又表达欢迎再次光顾之诚意。

三、礼宾服务及时主动

当客人即将离店之际，酒店礼宾服务要及时主动地提供行李服务、叫出租车机场送客的服务，满足客人求舒适、求尊贵的心理预期。

顾客对服务质量的感知很大程度上决定着顾客对服务的满意度。绝大多数的服务内容包含很多有形及无形的元素，每一元素皆可影响服务的质量，从而影响顾客的满意度。如顾客看到一家酒店客房提供的饮料不新鲜，提供的牙膏、香皂和沐浴露没有品牌，酒店商场部提供的小商品质次价高等，那么顾客对这家酒店的服务就不会很满意。

任务准备

一、团队组建

本书大部分内容的学习采取小组学习的方式进行，请在规定时间（15 分钟）内自行组建学习小组（每组人数视班级情况自定）。

学生分好组后，以小组为单位坐在一起。各组坐成半圆，中间的场地空出来，便于组织活动。每组选出组长、秘书，定出组名，编好组歌，画出组徽，制定好小组格言，并记录在下表中。

组名			
小组格言			
组徽		组歌	
组长		秘书	
组员姓名	联系电话	组员姓名	联系电话

二、教师下发任务书

任务书

1．任务目标

（1）学会共同合作、相互借鉴学习，听取老师的评价。

（2）针对客人不同的心理需求，作为前厅接待服务人员，学会如何给离店客人留下美好的印象。

2．任务要求

（1）在教师指导和辅助下，以小组为单位完成以下分组情景表演：

①为满足去客礼遇与尊重的心理预期，探讨待客技巧。

②为满足去客真诚与友好的心理预期，探讨待客技巧。

③为满足去客寻求便捷的心理预期，探讨待客技巧。

（2）以小组为单位，收集去客感受到深受酒店欢迎的心理预期的案例。

3．活动规则

（1）各组自行做好计划书，明确分工。

（2）活动过程必须全体组员参与。

（3）要通过各种形式（照片、视频、漫画、小品演示等）将活动过程记录下来。

（4）任务完成后，要向全班同学汇报，并展示任务的完成过程。

任务实施

一、制订实施方案

认真分析任务，并确定好任务实施方案。

二、确定人员分工

任务实施过程中要明确分工任务，组长要调动组员充分表达不同的意见，形成职责清晰的任务分工表。

组员姓名	任务分工

三、过程监督

请各组成员在任务实施过程中做好过程记录，组长负责监督，全组共同完成进度监督表。

工作阶段	时间	进度描述	检查情况记录	改善措施以及建议

四、各组成员记录任务实施过程中的困难及收获

困难：______________________________

____

小组成员想到的解决方法：______________________________

____

本次活动的收获：______________________________

____

五、展示活动记录

每组在任务实施过程中，可以用各种形式把本组搜集到的去客心理预期的案例记录下来，分别扮演可能的去客，并分析客人服务需求心理预期，进行角色扮演，结合所学待客技巧，并以各种形式展示出来。

六、班内汇报

汇报内容包括：对本次任务完成情况的介绍、任务实施过程中遇到的困难和解决的方法、对所搜集及观察到的内容的解说等。小组互相评价，并对同学的汇报情况做好记录。

组别	汇报情况（包括任务完成情况、过程处理及搜集效果等方面）

七、归纳总结

通过本次活动，请根据离店客人的心理预期，探讨待客技巧。

评价反馈

以小组为单位，结合表中标准，围绕自己在活动前后的思想、行为等变化，进行客观评价。

<table>
<tr><td colspan="4">规范及责任意识综合体现评价标准</td></tr>
<tr><td colspan="4">1. 遵守规则。
2. 能快速找到与组员的共同目标。
3. 能准确无误、无条件地接受并立即执行组内指令。
4. 能按事先确定的方案尽力完成任务。
5. 能建立良好和谐的人际关系，使工作尽快开展。
6. 能够化解任务中的障碍。
7. 能勇于承认错误，敢于承担责任。
8. 能以大局为重，调整自己的工作节奏。
9. 能在团队合作中表达自己的意见，也能虚心接受他人的建议和批评。
10. 为了实现共同目标，能牺牲自己的利益。</td></tr>
<tr><td colspan="2">活动前</td><td colspan="2">活动后</td></tr>
<tr><td>思想描述</td><td></td><td>思想描述</td><td></td></tr>
<tr><td>行为描述</td><td></td><td>行为描述</td><td></td></tr>
<tr><td>感悟</td><td colspan="3"></td></tr>
</table>

思考与练习

1. 顾客离店时对酒店服务质量的关注因素有哪些？
2. 酒店服务人员对酒店服务质量的关注因素有哪些？

任务二　宾客离店时的待客技巧

●学习目标

1. 学会分析不同情境下客人的需求心理，运用恰当的服务语言技巧；
2. 体会酒店去客服务中心理需求，提供恰当的服务。

学习任务

1. 组建学习小组。

2. 搜集酒店前厅宾客离店时待客服务的相关案例，分析不同情境下客人的需求心理，评述是否恰当运用了服务语言技巧，探讨如何优化服务语言，做好互评。

任务引入

阅读下面的案例，回答后面的问题。

【案例】

王府井酒店为客人提供的服务是关怀性的，关注客人的个性化需要。对于第一次入住的客人，总机和各服务部门就能叫出客人的名字。多次入住的客人，门童会高兴地说："您又来了！"在房间里，印有客人名字的信封、浴袍、毛巾早就准备好了；在餐厅里，客人叫上来的菜一定是符合他特殊口味的；楼层服务员嘘寒问暖，像老朋友一样。神通广大、无所不能的礼宾部可以满足任何一位客人的任何合法要求。曾有一位外国人，突然想抽古巴雪茄，礼宾部一个电话打到香港，雪茄烟当晚就送到了客人手里。因此，王府井酒店的回头客特别多。

顾客在王府井酒店感知的是一种"宾至如归"的服务。顾客在这里时时处处受到关注，受到尊重。酒店的礼宾部成了"关怀部"。如此"关怀和关注"体现了真正的服务质量。

（资料来源：任晓非．王府井酒店管窥．国际商报，1996－10－03．）

思考：从以上案例中，你得到哪些启示？王府井酒店成功的秘诀在哪里？

____

____

____

任务布置

1. 情境布置：某客人退房时，查房发现客人的高级打火机遗落在客房内，同时发现地毯上有需要修复的烟痕，前厅服务员应如何运用待客技巧，做好退房手续？

2. 每6～8人组成一组，以小组为单位，围绕以上情景分为两小组，一小组提出可能的去客，一小组分析客人服务需求心理预期，再角色扮演并就去客的心理进行设计。

3. 各小组以各种形式（照片、视频、漫画、小品演示等）记录下来，并做一些简单的解释。

知识链接

一、记忆与服务

记忆是人脑对过去经历过的事物的反映。人们感知过的事情、思考过的问题、体验过的情绪和采取过的行为，会在大脑中留下痕迹，并在一定条件下再现，这就是记忆。有了记忆，人们才能把过去对事物的反映保存在头脑中，才能够更全面、更深入地认知当前事物，从而进行更复杂、更高级的思维活动。离开了记忆，人们就无法正常生活、工作和学习。酒店服务人员不仅要记忆设施设备的使用方法、服务程序等，还要记忆客人的姓名、相貌、个性等特点。

记忆力是获取、保存、回忆知识经验的能力。一般来说，记忆力好坏主要表现在四个方面：记忆的广度、记忆的速度、记忆的持久性和记忆的准确性。

服务工作需要有较好的记忆力，如管理人员需要记忆员工的姓名、性格、爱好、年龄等情况；服务人员需要记忆入住贵宾的姓名、喜好、习惯等，这样才能令客人体验到宾至如归的感觉。

二、客人在离店期间的服务技巧

1. 尊重有过失的客人

客人有时会不小心将房间的设备损坏，如搞坏了电视机，抽烟烧坏了床单、床褥、茶几，客人带来的小孩将窗帘扯坏了等。若需要索赔，应当礼貌地向客人提出。有一些旅游者对印有宾馆标志的毛巾、水杯、茶杯、烟灰缸等物品喜欢，作为纪念品顺手拿走了，碰到这种情况，服务员应当婉转而礼貌地提出来，注意不要伤害他们的自尊心，可以这样说："某某先生，您房间里的烟灰缸我找不到，您有没有放到别的地方，请告诉我吧"、"某某先生，您收拾行李时，有没有放错一条毛巾，麻烦您看一下"。在客人交还物品时，应当对客人说："给您添麻烦了，谢谢"或"打扰您了，真对不起"。

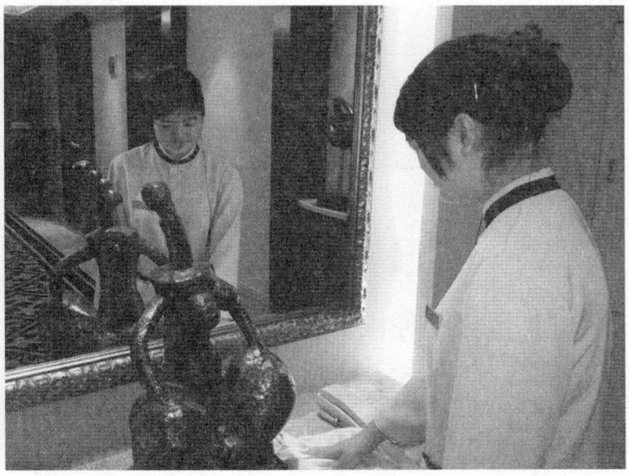

2. 提供超常服务和延伸服务

酒店前厅的超常和延伸服务，主要是在对客人提供常规服务的基础上，提供的一种额外的服务。这些服务的提供，能够使客人在心理上产生一种物超所值的感受，带来意外的惊喜。

3. 正确处理投诉

对客人投诉的处理，应耐心倾听，弄清真相；同情客人，诚恳道歉；征客同意，恰当处理。

任务准备

一、团队组建

本书大部分内容的学习采取小组学习的方式进行，请在规定时间（15 分钟）内自行组建学习小组（每组人数视班级情况自定）。

学生分好组后，以小组为单位坐在一起。各组坐成半圆，中间的场地空出来，便于组织活动。每组选出组长、秘书，定出组名，编好组歌，画出组徽，制定好小组格言，并记录在下表中。

组名			
小组格言			
组徽		组歌	
组长		秘书	
组员姓名	联系电话	组员姓名	联系电话

二、教师下发任务书

任务书

1. 任务目标

（1）学会共同合作、相互借鉴学习，听取老师的评价。

（2）根据不同情境下客人的需求心理，评述是否恰当运用了服务语言技巧。

2. 任务要求

（1）借助案例分析，掌握客人对服务感知的内容以及影响服务感知的因素，从而在服务接待中能有效地运用服务感知的策略去提高客人对服务的满意度。

（2）以小组为单位，收集离店客人待客的服务技巧案例。

3. 活动规则

（1）各组自行做好计划书，明确分工。

（2）活动过程必须全体组员参与。

（3）要通过各种形式（照片、视频、漫画、小品演示等）将活动过程记录下来。

（4）任务完成后，要向全班同学汇报，并展示任务的完成过程。

任务实施

一、制订实施方案

认真分析任务，并确定好任务实施方案。

二、确定人员分工

任务实施过程中要明确分工任务，组长要调动组员充分表达不同的意见，形成职责清晰的任务分工表。

组员姓名	任务分工

三、过程监督

请各组成员在任务实施过程中做好过程记录，组长负责监督，全组共同完成进度监督表。

工作阶段	时间	进度描述	检查情况记录	改善措施以及建议

四、各组成员记录任务实施过程中的困难及收获

困难：____

____

小组成员想到的解决方法：____

____

本次活动的收获：____

____

五、展示活动记录

每组在任务实施过程中，可以用各种形式把本组搜集到的离店客人待客服务技巧的案例记录下来，分别扮演可能的去客，并分析客人服务需求心理预期，进行角色扮演，结合所学待客技巧，并以各种形式展示出来。

六、班内汇报

汇报内容包括：对本次任务完成情况的介绍、任务实施过程中遇到的困难和解决的方法、对所搜集及观察到的内容的解说等。小组互相评价，并对同学的汇报情况做好记录。

组别	汇报情况（包括任务完成情况、过程处理及搜集效果等方面）

七、归纳总结

通过本次活动，请你归纳：根据对心理学理论在酒店服务中运用的理解，针对离店客人，列举较为成功的待客技巧。

评价反馈

以小组为单位，结合表中标准，围绕自己在活动前后的思想、行为等变化，进行客观评价。

<table>
<tr><td colspan="4">规范及责任意识综合体现评价标准</td></tr>
<tr><td colspan="4">1. 遵守规则。
2. 能快速找到与组员的共同目标。
3. 能准确无误、无条件地接受并立即执行组内指令。
4. 能按事先确定的方案尽力完成任务。
5. 能建立良好和谐的人际关系，使工作尽快开展。
6. 能够化解任务中的障碍。
7. 能勇于承认错误，敢于承担责任。
8. 能以大局为重，调整自己的工作节奏。
9. 能在团队合作中表达自己的意见，也能虚心接受他人的建议和批评。
10. 为了实现共同目标，能牺牲自己的利益。</td></tr>
<tr><td colspan="2">活动前</td><td colspan="2">活动后</td></tr>
<tr><td>思想描述</td><td></td><td>思想描述</td><td></td></tr>
<tr><td>行为描述</td><td></td><td>行为描述</td><td></td></tr>
<tr><td>感悟</td><td colspan="3"></td></tr>
</table>

思考与练习

1. 退房时，突发情况的应急处理及技巧有哪些？

2. 通过换位思考，结合能力训练，假如你是住客的话，你会如何对待住客离店的心理需求的感知收录？

学习情境三

客房服务心理分析与待客技巧

客房是人们旅行中理想的栖身之地。多数住店客人在客房停留的时间很长，对客房服务要求细致全面，而客房服务的满足是客人的核心需求之一。

第一单元 来客服务心理分析与待客技巧

任务一 来客进入房间的待客技巧

●学习目标

1. 学会分析不同场合的具体心理需求及应对服务策略；
2. 体会酒店来客服务心理需求，提供恰当的服务。

学习任务

1. 组建学习小组。

2. 搜集酒店客房来客服务的相关案例，分析不同情境下客人的需求心理，评述是否恰当运用了服务语言技巧，探讨如何优化服务语言，做好互评。

任务引入

阅读下面的案例，回答后面的问题。

【案例】

经常出差的沈先生住进了某国际大酒店，该酒店周到、细心的服务给他留下了深刻的印象。

第一，开客人喜欢的夜床。他从餐厅吃完晚饭回来，发现已经开好了夜床，所开的是他喜欢的正对电视机的靠窗的那张床，而没有按酒店惯例开靠近卫生间的床。沈先生进入房间，便倒在靠窗的床上看电视。

第二，为手机充电。一天上午，沈先生发现手机没电了，便取出充电器为手机充电。在离开房间时，为避免充电器断电，他顺手将卫生间里放的梳子插入节能开关取电，然后带上钥匙离开了房间。当他回到房间后，发现取电的梳子还在原处，服务人员在打扫房间时，并没有为了节省用电而拔掉梳子。

第三，脏衣服哪儿去了？沈先生将换下的脏衣服泡在脸盆里，准备晚饭后洗。当他吃完晚饭回房间准备洗衣服时，打开卫生间的门，惊喜地发现他的衣服已经洗干净，整齐地挂在晒衣绳上了！

（资料来源：蒋正芳，马国庆，罗怡平．旅游心理学. 成都：电子科技大学出版社，2007.）

思考：客人对客房服务有哪些心理需求？客房服务人员应该怎样去满足客人的心理需求？

任务布置

1. 情境布置：负责 23 层区域客房服务的员工，认真查看当天入住的贵宾信息，获悉 2308 号豪华套房是贵宾预留房，立即回忆起王俊总经理一进入客房，总是先兴致勃勃地走到窗口看看海景，然后饶有兴趣地在房内四处打量，对客房的钟爱之意溢于言表，如果有其他客人，就会爽朗地说："大家吃水果吧！"王俊先生是酒店的 VIP 客人，又是常客，在初入客房阶段，前厅服务与客房服务进行完美的衔接，由前厅事务、礼宾服务转向提供客房实物产品和客房综合性服务。贵宾对迎接陪同、舒适客房、贴心服务有美好的心理期待。

2. 每 6 ~ 8 人组成一组，以小组为单位，围绕以上情景分为两小组，一小组提出可能的来客，一小组分析每一类型的客人服务需求心理预期，再角色扮演并就来客的心理进行设计。

3. 各小组以各种形式（照片、视频、漫画、小品演示等）记录下来，并做一些简单的解释。

知识链接

一、迎接陪同

根据VIP客人的身份，宾客关系主任、前厅经理、客房经理、酒店营销部经理、酒店总经理均可能成为迎接、陪同客人进入客房的最佳人选，这可以使客人感到酒店的重视，满足客人尊贵感的心理预期。

客人进入楼层与员工相遇，员工应立即为客人让路，注视贵宾并热情问候："先生，您好！"一旦确认是曾经服务过的客人，应该做到个性化问候，笑容可掬地问候："您好！很高兴再次见到您！"并表示非常乐意陪同客人前往客房，随时听候客人的吩咐。此举会令客人感到自己深受员工的爱戴，又有如老友重逢般愉悦的氛围。

二、客房舒适

贵宾虽然对酒店按其习惯、要求预留客房的行为已经习以为常，但对酒店预留的客房一般在舒适度上有更高的心理期望。依据当天入住的贵宾信息，把握客人个性化的心理预期，如何令客人觉得客房在视觉上赏心悦目、触摸处放心称心、嗅觉上清新甜润，还需要在客房设计与布置方面下一番功夫。

虽然客房的布局、装饰、灯光、客用品、礼品摆放等均经过酒店统一设计，受大多数客人所喜爱，但客人的个性化心理需求给服务人员在客房布置时的再设计留有较大的空间。

1. 视觉上赏心悦目

影响客人对客房视觉感受的因素有很多，服务人员能够做到的是，在清洁整齐的基础上，突出客房窗帘布置、床品铺设、客用品摆放、灯光调节、房内礼节等的艺术性，这些是满足甚至超越客人心理预期的服务艺术元素，像动人的音符，令客人感到愉悦、惊喜。

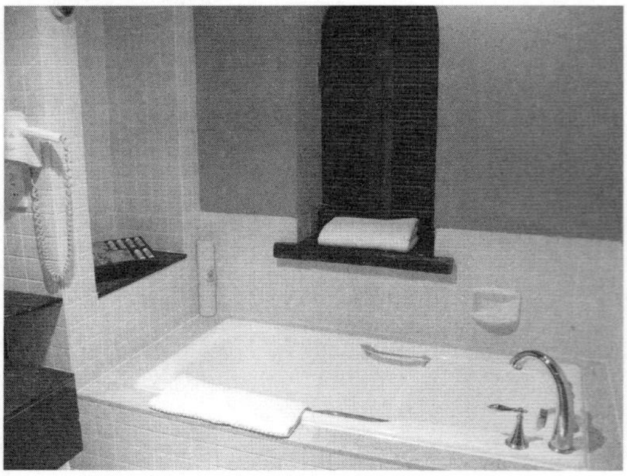 

2. 触摸处放心称心

客人进房后，有许多触手可及之处，尤其是那些有意的触摸，体现出客人在这方面对客房有较高的心理预期。如客人随手关门，感觉房门结实、开关自如，既安全又方便；触及台面光滑、一尘不染；触及床品和卫生间的毛巾，柔软、富有弹性；落座沙发，非常舒服；换穿拖鞋，感觉轻便合脚；打开水龙头，水流顺畅，水温调节非常灵敏；房内电开关、插座，安全完好。

3. 嗅觉上清新甜润

初入客房，体验到一个新的环境，客人总能够本能地、敏锐地通过嗅觉感知其中的气味。如果出现令客人不适应、不舒服的味道，客人会表示出不开心、不满意的态度。服务中应掌握客人的生理需求和心理预期，清洁整理客房，保证客房的气味清新甜润。

清洁整理客房时，严格按照通风换气的服务规程，运用有效的服务技巧，避免客房有异味。如在查看客房状况阶段，就应该注意客房有无异味，做到心中有数，操作阶段应先开大空调，提高通风量，在完成其他工作的同时，延长客房通风换气的时间。

三、跟进服务

客人刚刚入房，稍有生疏或冷清之感时，服务人员就要及时提供礼貌的服务，真心诚意地嘘寒问暖，满足客人求尊重、求亲情、求友情的心理预期。如果服务过度或打扰客人，则令客人感到服务虚情假意而生厌。

任务准备

一、团队组建

本书大部分内容的学习采取小组学习的方式进行，请在规定时间（15 分钟）内自行组建学习小组（每组人数视班级情况自定）。

学生分好组后，以小组为单位坐在一起。各组坐成半圆，中间的场地空出来，便于组织活动。每组选出组长、秘书，定出组名，编好组歌，画出组徽，制定好小组格言，并记录在下表中。

<table>
<tr><td>组名</td><td colspan="3"></td></tr>
<tr><td>小组格言</td><td colspan="3"></td></tr>
<tr><td>组徽</td><td></td><td>组歌</td><td></td></tr>
<tr><td>组长</td><td></td><td>秘书</td><td></td></tr>
<tr><td>组员姓名</td><td>联系电话</td><td>组员姓名</td><td>联系电话</td></tr>
<tr><td></td><td></td><td></td><td></td></tr>
<tr><td></td><td></td><td></td><td></td></tr>
<tr><td></td><td></td><td></td><td></td></tr>
</table>

二、教师下发任务书

任务书

1．任务目标

（1）学会共同合作、相互借鉴学习，听取老师的评价。

（2）根据客人不同的心理需求，能及时迅速地作出有效的反应以及应对措施。

2．任务要求

（1）借助案例分析，掌握客人对客房的具体要求，并在服务接待中体现满足客人心理需求的服务策略。

（2）以小组为单位，收集住店客人待客的服务技巧案例。

3．活动规则

（1）各组自行做好计划书，明确分工。

（2）活动过程必须全体组员参与。

（3）要通过各种形式（照片、视频、漫画、小品演示等）将活动过程记录下来。

（4）任务完成后，要向全班同学汇报，并展示任务的完成过程。

任务实施

一、制订实施方案

认真分析任务，并确定好任务实施方案。

____

____

____

二、确定人员分工

任务实施过程中要明确分工任务，组长要调动组员充分表达不同的意见，形成职责清晰的任务分工表。

组员姓名	任务分工

三、过程监督

请各组成员在任务实施过程中做好过程记录，组长负责监督，全组共同完成进度监督表。

工作阶段	时间	进度描述	检查情况记录	改善措施以及建议

四、各组成员记录任务实施过程中的困难及收获

困难：____

____

小组成员想到的解决方法：______________________________

本次活动的收获：

五、展示活动记录

每组在任务实施过程中，可以用各种形式把本组搜集到的入住客人待客服务技巧的案例记录下来，分别扮演可能的来客，并分析每一类型的客人服务需求心理预期，进行角色扮演，将服务待客技巧以各种形式展示出来。

六、班内汇报

汇报内容包括：对本次任务完成情况的、任务实施过程中遇到的困难和解决的方法、对所搜集及观察到的内容的解说等。小组互相评价，并对同学的汇报情况做好记录。

组别	汇报情况（包括任务完成情况、过程处理及搜集效果等方面）

七、归纳总结

通过本次活动，请你根据对心理学理论在酒店服务中运用的理解，针对入住客人的心理需求特点，列出服务接待过程的思维导图。

评价反馈

以小组为单位，结合表中标准，围绕自己在活动前后的思想、行为等变化，进行客观评价。

<table>
<tr><td colspan="4">规范及责任意识综合体现评价标准</td></tr>
<tr><td colspan="4">1. 遵守规则。
2. 能快速找到与组员的共同目标。
3. 能准确无误、无条件地接受并立即执行组内指令。
4. 能按事先确定的方案尽力完成任务。
5. 能建立良好和谐的人际关系，使工作尽快开展。
6. 能够化解任务中的障碍。
7. 能勇于承认错误，敢于承担责任。
8. 能以大局为重，调整自己的工作节奏。
9. 能在团队合作中表达自己的意见，也能虚心接受他人的建议和批评。
10. 为了实现共同目标，能牺牲自己的利益。</td></tr>
<tr><td colspan="2">活动前</td><td colspan="2">活动后</td></tr>
<tr><td>思想描述</td><td></td><td>思想描述</td><td></td></tr>
<tr><td>行为描述</td><td></td><td>行为描述</td><td></td></tr>
<tr><td>感悟</td><td colspan="3"></td></tr>
</table>

思考与练习

1. 入住客人的心理需求有哪几种？请列举相应的服务技巧及应对措施。

2. 通过换位思考，结合能力训练，假如你是住客的话，你会如何对待入住客人的心理需求的感知收录？

任务二 客房跟进服务的待客技巧

●学习目标

1. 学会分析不同场合的具体心理需求及应对服务策略；
2. 学会客人入住跟进技巧，结合心理学基本原理，分析现实生活中的具体案例。

学习任务

1. 组建学习小组。

2. 搜集酒店客房来客跟进服务的相关案例，分析不同情境下客人的需求心理，评述是否恰当运用了服务语言技巧，探讨如何优化服务语言，做好互评。

任务引入

阅读下面的案例，回答后面的问题。

【案例】

某日，8917房的徐先生气冲冲地跑到总台，把房卡狠狠地往台面上一摔，说道："你们是怎么搞的，我的房门又打不开了！早上已经换了一张了，现在又没用了，你们想气死我呀！"大堂副理先是安慰了客人，让他不要生气，然后迅速地把房卡读了一遍，的确是8917房的，时间也对，应该是可以打开的。为确保无误，大堂副理又重新做了一张新卡，并陪同客人一起去房间。当时客人很恼火，说："早上就打不开了，是服务员给我开的门，我到总台换了一张卡，没想到回来还是打不开。"到了房间，大堂副理发现房卡没有问题，这种情况很可能是客人没有正确使用房卡，插反了方向。于是，大堂副理把门关上，用慢动作再一次把门打开。这一切客人看在眼里，心里终于明白了是怎么一回事。但大堂副理还是礼貌地对客人说："对不起，徐先生！可能是刚才门锁有点小问题。"这时客人表情变了，态度也变了，忙说："谢谢，谢谢，麻烦你了。"

（案例来源：邹金宏．现代饭店餐饮服务与培训．广州：广东旅游出版社，2002.）

思考： 从大堂副理帮客人开门这一件事中，你能体会出该如何为客人提供心理服务吗？

任务布置

1. 情境布置：设计新入住客人刚刚进入楼层和房间，可能出现的客房服务情景，并进行角色扮演，一名同学扮演服务人员，其他同学扮演客人，体会当时的心理感受。

2. 每6~8人组成一组，以小组为单位，围绕以上情景分为两小组，一小组提出可能的来客，一小组分析每一类型的客人服务需求心理预期，进行角色扮演并运用所学待客技巧，完成服务任务。

客人的需求心理与待客技巧分析

服务情景描述	客人的需求心理与待客技巧分析
客人王先生办理入住手续后，习惯于独自持房卡进房。当他来到所入住的18楼时，遇到正在清洁走廊的客房服务员，服务人员立即停止手中的工作。 服务员热情地问候："先生您好，需要帮忙吗?"。 客人："1820房是这个方向吧?" 服务员："对，我陪您去房间吧。" 客人："好吧，刚刚没有让大堂的服务员做客房引领。"（看到非常随和的服务员，客人微笑地回应） 服务员："这边请，我正在想为什么没有安排礼宾员陪同贵宾。" 客人："自己到客房更自由些。" 服务人员与客人边走边轻松交谈。	

3. 各小组以各种形式（照片、视频、漫画、小品演示等）记录下来，并做一些简单的解释。

知识链接

一、注意

注意是人们的心理活动对一定对象的指向和集中。一个人在同一时间不可能感知周围的一切对象，而只是有选择地指向一定的对象，其余对象则离开感知范围，注意是顺利完成各种活动的重要条件。

注意的种类有无意注意、有意注意、有意后注意三种。所谓无意注意，是指没有预定目的、不需要意志努力的注意，如餐厅服务操作时有声响，客人便可能留意哪里发出的声响？什么原因？这种注意是一种被动的、本能的、刺激后的反映。所谓有意注意，是指有预定目的、需要意志努力的注意，如服务人员为了服务完美，服务过程中始终注意客人的各种需求就是有意注意。能否产生有意注意与个人的意志品质，对所从事的活动意义的认识有关。所谓有意后注意，是指自觉的但不经过努力就能维持的注意，如服务人员在熟练地斟酒、托盘、铺床等服务中的注意就属于有意后注意，它是在有意注意基础上产生的。

二、注意与服务

服务中很好地运用注意有如下表现。

（一）注意与客人的消费行为

1. 客人的无意注意

客人对酒店的设施、服务方式经常产生无意注意，从而引发消费行为。引起客人无意注意的原因有酒店本身的特点和客人自身的状态两个方面。

酒店与众不同的环境、餐厅独特的菜品陈列，都会引起客人的无意注意，令其产生好感，激起消费的愿望，而酒店的嘈杂声响，也会引起客人的无意注意，影响客人情绪，令其扫兴，失去消费的兴致。

客人自身的状态，主要指客人的需求、情感、兴趣、经验等。凡是符合客人需要的，令客人喜爱的，感兴趣的和以往美好体验过的服务，就会引起客人的无意注意，从而引发客人的消费行为。

2. 客人的有意注意

客人有目的地了解酒店的硬件和软件，并对酒店做出入住的决策；客人认真询问房价、客房特色等信息；客人退房时核对账单，这些都是有意注意的表现。

（二）注意与服务工作

1. 根据客人的注意特征做好酒店服务工作

客人注意的指向，集中在酒店环境美化、清洁卫生、文明环境、价格公平、设施先进等方面。如有的酒店注重现代建筑风格，装饰元素时尚、富丽；服务人员的服饰中西结合、高雅时尚；客人所见的、触摸的均整洁如新；客人感受到的服务彬彬有礼、无微不至，体验到的服务公平、价格公平；设施先进便利。这些美好的经历，成为客人美好的回忆，令客人愿意再一次入住该酒店。

2. 培养良好的注意力

每个人的注意力是有差异的，但经过长期的努力和锻炼，注意力较差的人可以提高注意的品质。

（1）要培养广泛的兴趣。兴趣和注意有密切关系，它是培养注意力的一个重要的心理条件。如服务人员对酒店服务感兴趣，那么其工作就会注意力非常集中，从而促进服务人员注意的形成和培养。

（2）要努力提高注意的稳定性。当服务人员明确自己的工作职责和所完成服务任务的意义时，注意具有较高的稳定性。如收银员知道收银工作关系到国家、企业、客人、员工各方的利益时，注意便会始终集中在工作上，以减少收银差错。

（3）努力扩大注意的范围。注意范围的大小和个人知识经验有很大的关系。服务人员经常面临人多、工作繁杂的场面，需要有眼观六路、耳听八方的本领。因此，首先要熟悉服务工作，不断积累知识和经验，在工作中磨炼自己，才能不断扩大注意范围。

（4）要提高注意分配力。服务工作往往需要同时从事几项活动，如客人提出需要房内会晤服务时，要一边与客人沟通，一边记录，同时还要提供咨询、建议等服务，完成周密的服务计划，这就需要合理的注意分配。合理的注意分配是有条件的：首先，同时进行的活动中有一种或多种是非常熟练的，接近自动化的程度；其次，同时进行的活动应是相互联系的，不能排斥。

任务准备

一、团队组建

本书大部分内容的学习采取小组学习的方式进行，请在规定时间（15 分钟）内自行组建学习小组（每组人数视班级情况自定）。

学生分好组后，以小组为单位坐在一起。各组坐成半圆，中间的场地空出来，便于组织活动。每组选出组长、秘书，定出组名，编好组歌，画出组徽，制定好小组格言，并记录在下表中。

组名			
小组格言			
组徽		组歌	
组长		秘书	
组员姓名	联系电话	组员姓名	联系电话

二、教师下发任务书

任务书

1. 任务目标

（1）学会共同合作、相互借鉴学习，倾听老师的评价。

（2）根据不同情境下客人的需求心理，评述是否恰当运用了服务语言技巧。

2. 任务要求

（1）借助案例分析，掌握客人对客房的具体要求，并在服务接待中体现满足客人心理需求的服务策略。

（2）以小组为单位，自编自导关于客房的心理服务情景。结合心理学基本原理，运用所学知识，小组互评、教师点评。

3. 活动规则

（1）各组自行做好计划书，明确分工。

（2）活动过程必须全体组员参与。

（3）要通过各种形式（照片、视频、漫画、小品演示等）将活动过程记录下来。

（4）任务完成后，要向全班同学汇报，并展示任务的完成过程。

任务实施

一、制订实施方案

认真分析任务，并确定好任务实施方案。

二、确定人员分工

任务实施过程中要明确分工任务，组长要调动组员充分表达不同的意见，形成职责清晰的任务分工表。

组员姓名	任务分工

三、过程监督

请各组成员在任务实施过程中做好过程记录，组长负责监督，全组共同完成进度监督表。

工作阶段	时间	进度描述	检查情况记录	改善措施以及建议

四、各组成员记录任务实施过程中的困难及收获

困难：______________________________

____

小组成员想到的解决方法：______________________________

____

本次活动的收获：______________________________

____

五、展示活动记录

每组在任务实施过程中，可以用各种形式把本组搜集到的入住客人待客服务技巧的案例记录下来，分别扮演可能的来客，并分析每一类型的客人服务需求心理预期，一组进行角色扮演，将服务待客技巧以各种形式展示出来。

六、班内汇报

汇报内容包括：对本次任务完成情况的介绍、任务实施过程中遇到的困难和解决的方法、对所搜集及观察到的内容的解说等。小组互相评价，并对同学的汇报情况做好记录。

组别	汇报情况（包括任务完成情况、过程处理及搜集效果等方面）

七、归纳总结

通过本次活动，结合以下案例，进行提高训练。

在北京的某五星级酒店里住了一位中东客人，他从入住房间的第一天起，就在房间里摆了一块朝拜用的方毯，服务员王玲在清洁房间的时候，由于不了解该民族的风俗习惯，就把朝拜毯挪动了方向和位置，客人晚上回来之后，看到了这种情况，当晚就投诉了该服务员。

在该酒店入住的这位中东客人，是一位伊斯兰教的忠实信徒，定时、定向地做“礼拜”，是他多年来的民族宗教习惯。因为“礼拜”是伊斯兰教的“五功”之一，是穆斯林朝向麦加方向诵经、祈祷、跪拜等宗教仪式的总称。

麦加是伊斯兰教的第一圣地，它坐落在沙特阿拉伯西部撒拉特山区的一条狭窄的山谷里。公元前623年，穆罕默德在此创立和传播了伊斯兰教。因此，穆斯林在做“礼拜”时，都朝向麦加方向。

这位客房服务员在不了解这些宗教知识的情况下，在清洁房间卫生的时候，无意识地把客人做“礼拜”用的毯子，调整了方向和位置，自然会引起客人的投诉。

（案例来源：张世琪．现代酒店管理与服务案例．沈阳：辽宁科学技术出版社，2003.）

思考：该案例中显示客房服务员要注重客人哪方面的心理需求？如何才能避免投诉？

评价反馈

以小组为单位，结合表中标准，围绕自己在活动前后的思想、行为等变化，进行客观评价。

<table>
<tr><td colspan="4">规范及责任意识综合体现评价标准</td></tr>
<tr><td colspan="4">1. 遵守规则。
2. 能快速找到与组员的共同目标。
3. 能准确无误、无条件地接受并立即执行组内指令。
4. 能按事先确定的方案尽力完成任务。
5. 能建立良好和谐的人际关系，使工作尽快开展。
6. 能够化解任务中的障碍。
7. 能勇于承认错误，敢于承担责任。
8. 能以大局为重，调整自己的工作节奏。
9. 能在团队合作中表达自己的意见，也能虚心接受他人的建议和批评。
10. 为了实现共同目标，能牺牲自己的利益。</td></tr>
<tr><td colspan="2">活动前</td><td colspan="2">活动后</td></tr>
<tr><td>思想描述</td><td></td><td>思想描述</td><td></td></tr>
<tr><td>行为描述</td><td></td><td>行为描述</td><td></td></tr>
<tr><td>感悟</td><td colspan="3"></td></tr>
</table>

思考与练习

1. 对于来客入住跟进方法有哪几种？请举例说明。
2. 通过图书、网络等资料的查阅，收集关于客房来客跟进服务的典型案例。

第二单元　住客服务心理分析与待客技巧

任务一　宾客在住店期间的服务心理需求

●学习目标

1. 学会把握客人对客房的心理需求，做好对应的心理应对措施；
2. 学会接待住房客人的技巧，结合心理学基本原理，分析现实生活中的具体案例。

学习任务

1. 组建学习小组。

2. 搜集酒店宾客在住店期间服务心理的相关案例，分析不同情境下客人的需求心理，评述是否恰当运用了服务语言技巧，探讨如何优化服务语言，做好互评。

任务引入

阅读下面的案例，回答后面的问题。

【案例】

在北京郊区的一个四星级旅游度假村，有一个青山绿水和鸟语花香的酒店。该度假村除了有异国风情的海滨浴场，还有千姿百态的石柱大溶洞，更有国内外著名的青少年拓展基地、跑马场和滑雪场。每年旅游旺季的时候，国内外数万名游客到此游览，不少国内外知名企业在此进行不同类型的商务活动。

这个旅游度假村的大堂副理，是一个从事岗位工作不到半年的年轻小姐。在2013年8月的一天早上5点半，2号楼1304房间的一位会务女客人，在房间被马蜂蜇了之后，第一时间采取的措施是打死马蜂，并且对被马蜂蜇的部位进行不停地按、挤。当她把马蜂的毒刺挤出后，不但皮肤周围局部的软组织部分出现了剧烈的疼痛现象，而且被马蜂蜇的软组织周围瞬间红肿一大片。由于客人7点要到餐厅用早餐，上午8点要准时参加会议，在无法忍受痛苦的情况下，客人怒气冲冲地打电话到前厅，向大堂副理进行了投诉。

正在值班的大堂副理张小姐，用“成人自我”的平和心态，马上受理了客人的投诉，并立即赶到客人的房间。她首先认真地观察了客人被马蜂蜇的部位，然后让客房服务员到厨房拿来切好的两片生姜，用其中一片生姜，先擦拭被马蜂蜇的部位，再用姜液擦其红肿的部位，又用另一片生姜敷在被蜇部位，最后告诫客人不要乱动，躺在床上休息，自己就坐在客人面前观察。几分钟后，客人的疼痛减轻了，红肿的部位也消除了许多。

接着，大堂副理心态平和地帮助客人查找原因：她先找到了已经被客人打死的马蜂，然后查看房间的窗户是否有问题。当发现窗户没有问题时，就向客人询问是否在早上起床时开过窗户，或房间的同事开过窗户，客人回答说：“同事早上起床时，想看一看窗外的美丽风景，呼吸一下窗外的新鲜空气，曾经把窗户打开了5分钟，有可能在推窗纱时，马蜂乘机飞进了房间。”当大堂副理张小姐和客人把原因找到时，已经是6点50分了，客人被马蜂蜇的部位已经不再疼痛了，红肿的部位也已经基本消除，客人准备到餐厅用餐，张小姐就和客人告辞。

在张小姐离开客人房间的时候，客人好奇地问她：“你这么年轻，怎么会有这些治疗蜂蜇的灵丹妙方？”年轻的大堂副理张小姐微微一笑说：“处处留心皆学问。我是去年在看电视节目时，从电视上学到的灵丹妙方，真没有想到今天正好用上了！”客人连声夸奖她：“你平时一定是一个无论做什么事都用心的女孩，因为你看电视都在学习，还能把学到的知识，用到为客人解除痛苦的地方，真是太感谢你了！我今天从你这里也学到了一招。今天这个坏事变成了好事，本来我要投诉到有关部门，现在不但不投诉了，反而要认真感谢你们度假村了！”

（案例来源：肖潜辉．现代饭店实务全书．北京：北京燕山出版社，1995.）

思考：该案例中的张小姐具备了哪些心理素质？她处事为何如此成功？

任务布置

1. 情境布置：负责客房服务26层区域的员工，根据住房贵宾信息，了解到下榻2608号豪华套房的贵宾是李俊总经理，其生活一般由助手安排，对客房舒适度要求较高，每日早晨7：30准时起床，8：30以前用完早餐，要求服务人员在此期间做好客房的清洁整理，9：00以后进行商务活动，要求提供会晤服务，其套房有令客人感到体面的房内商务洽谈区域，作为客房服务人员，应如何进行接待。

2. 每6~8人组成一组，以小组为单位，到客房部门进行实地（模拟）消费，消费回来后，把消费的心理需求写下来。

3. 各小组以各种形式（照片、视频、漫画、小品演示等）记录下来，并做一些简单的解释。

知识链接

一、尊重客人习惯

尊重客人的生活、工作、休闲习惯。一是尊重客人生活、工作、休闲的作息时间习惯，重点掌握客人早起、用餐、商务活动、下午茶、各种休闲的时间段，尽可能选择客人不在房间的时段进行清洁整理。如果客人在房，应询问进行清洁服务是否方便；若客人表示不方便，应预约服务时间，避免打扰客人。二是尊重客人生活、工作、休闲的个性习惯，如客房整理时应保持客人阅览的书籍、杂志所翻开的状态；发现客人晚上习惯加高枕头，应予以满足；观察客人使用房内迷你酒吧、冰箱的饮品，以及其他客用品的使用情况，在补充客用品和商品时应按照客人喜好增减。

二、善解人意，温馨贴心

客人旅行在外，人地两生，问询、借物、委托代办、房内会晤、房内商务活动等成为客人重要的需求，住房客人对服务有善解人意、温馨贴心的心理预期。服务人员提供服务时，首先应通过酒店信息系统掌握客人以往的需求信息，通过与客人沟通和服务观察，明确客人的需求，准确理解客人的需求表达，不仅完成分内的服务，还要力争完成超常规的服务。如为贵宾将电视调到中央一台，之所以能够注重这样的细节，是客人打开电视就关注这一频道的爱好习惯，被服务人员细心捕捉到的结果；而写字台设置在窗边、布件换成全新的，则可以称为超常规服务。

三、满足住客需求的心理策略

1. 保持客房的清洁卫生

保持清洁卫生是客人对客房的基本要求。客房服务人员在清理客房时，一般要在客人不在时进行，还必须保证客房及各种设施、用具的卫生，即使是空房间，也要时刻保持清洁，准备迎接客人。若客人到达客房后，服务人员再去打扫，会给客人留下恶劣的印象。

2. 保持客房环境的舒适宁静

保持客房宁静就是要防止和消除噪音。首先，必须做到硬件本身不产生噪音。酒店选择设备的一个标准就是噪音要小，要经常检查房间设备的完好情况，还要注意消灭客房中的老鼠、蚊虫、蟑螂，为客人创造一个舒适的休息环境。其次，在“软件”上也不要产生噪音。员工必须做到“三轻”——走路轻、说话轻、操作轻。同时，服务人员还要以自己的言行去影响那些爱大声说笑的客人，用说服、暗示等方式引导客人自我克制，放轻脚步，小声说笑。

3. 完善客房的安全工作

为了满足客人求安全的心理，服务员应提高警惕，配合保安人员防止不法分子进入客房行窃或进行其他破坏活动。在收拾房间时不能乱动客人的贵重物品，若客人遗忘贵重物品在房内，员工不能随意移动，必要时报告领导妥善保管，待客人返回后交给客人。在遇到突发事件时，如生病，一定要先替客人着想。

4. 提供主动热情、文明礼貌、耐心细致的服务

主动热情就是服务要先于客人开口，主动服务包括主动迎送、主动引路、主动打招呼、主动介绍服务项目、主动照顾老弱病残客人等。文明礼貌是指在客房服务中通过文明礼貌体现出对客人的尊重、理解和善意。如与客人讲话时要轻声细语，注意礼貌用语；为客人服务时要聚精会神，彬彬有礼；操作时要轻盈利落，避免干扰客人。耐心细致就是指不厌不烦，根据各种不同类型客人的具体要求提供优质服务。它要求服务人员即使在工作繁忙时，也要对客人有耐心，不急躁，对客人的询问做到百问不厌，有问必答，同时，要“眼观六路，耳听八方”。

任务准备

一、团队组建

本书大部分内容的学习采取小组学习的方式进行，请在规定时间（15 分钟）内自行组建学习小组（每组人数视班级情况自定）。

学生分好组后，以小组为单位坐在一起。各组坐成半圆，中间的场地空出来，便于组织活动。每组选出组长、秘书，定出组名，编好组歌，画出组徽，制定好小组格言，并记录在下表中。

组名			
小组格言			
组徽		组歌	
组长		秘书	
组员姓名	联系电话	组员姓名	联系电话

二、教师下发任务书

任务书

1. 任务目标

（1）学会共同合作、相互借鉴学习，听取老师的评价。

（2）根据客人不同的心理需求，能及时迅速地作出有效的反应以及应对措施。

2. 任务要求

（1）借助案例分析，掌握客人对客房的具体要求，并在服务接待中体现满足客人心理需求的服务策略。

（2）以小组为单位，运用所学知识，分析判断每组所模拟的有关入住客人应对的心理策略的小品，互相提出更好的解决方法，相互促进。

3. 活动规则

（1）各组自行做好计划书，明确分工。

（2）活动过程必须全体组员参与。

（3）要通过各种形式（照片、视频、漫画、小品演示等）将活动过程记录下来。

（4）任务完成后，要向全班同学汇报，并展示任务的完成过程。

任务实施

一、制订实施方案

认真分析任务，并确定好任务实施方案。

二、确定人员分工

任务实施过程中要明确分工任务，组长要调动组员充分表达不同的意见，形成职责清晰的任务分工表。

组员姓名	任务分工

三、过程监督

请各组成员在任务实施过程中做好过程记录，组长负责监督，全组共同完成进度监督表。

工作阶段	时间	进度描述	检查情况记录	改善措施以及建议

四、各组成员记录任务实施过程中的困难及收获

困难：______

小组成员想到的解决方法：______

本次活动的收获：

五、展示活动记录

每组在任务实施过程中，可以用各种形式把本组搜集到的住店待客服务技巧的案例记录下来，分别扮演可能的住客，并分析每一类型的客人服务需求心理预期，进行角色扮演，将服务待客技巧以各种形式展示出来。

六、班内汇报

汇报内容包括：对本次任务完成情况的介绍、任务实施过程中遇到的困难和解决的方法、对所搜集及观察到的内容的解说等。小组互相评价，并对同学的汇报情况做好记录。

组别	汇报情况（包括任务完成情况、过程处理及搜集效果等方面）

七、归纳总结

通过本次活动，结合以下案例，进行提高训练。

某单位为来参加会议的客人在某酒店预订了两个房间。这一天，四位客人下午5点由单位的联络人员陪同入住该酒店。来到前台，服务员要求客人填表并出示身份证，四位客人的身份证均不便取出。这时某单位联络人员提出：他是通过公关销售处预订的，能否先请客人进入房间，然后由他在此办理手续。服务员不同意，因为联络人员只有一个身份证。双方正在僵持不下时，过来了一位主管，了解此情况后，同意留下某单位联络人员一人办理手续，并用其身份证为其他客人担保，让行李员带领客人先进房间。由于入住得不顺利，又耽误了时间，使客人及预订方非常不满。

（资料改编：马莹．旅游心理学，北京：中国旅游出版社，2007.）

思考：

1. 客人为什么不满意？

2. 从这个案例中，你可以看出客人的什么心理需求？

3. 作为服务员，你从这个案例中能够得到什么启示？

评价反馈

以小组为单位，结合表中标准，围绕自己在活动前后的思想、行为等变化，进行客观评价。

<table>
<tr><th colspan="4">规范及责任意识综合体现评价标准</th></tr>
<tr><td colspan="4">1. 遵守规则。
2. 能快速找到与组员的共同目标。
3. 能准确无误、无条件地接受并立即执行组内指令。
4. 能按事先确定的方案尽力完成任务。
5. 能建立良好和谐的人际关系，使工作尽快开展。
6. 能够化解任务中的障碍。
7. 能勇于承认错误，敢于承担责任。
8. 能以大局为重，调整自己的工作节奏。
9. 能在团队合作中表达自己的意见，也能虚心接受他人的建议和批评。
10. 为了实现共同目标，能牺牲自己的利益。</td></tr>
<tr><td colspan="2">活动前</td><td colspan="2">活动后</td></tr>
<tr><td>思想描述</td><td></td><td>思想描述</td><td></td></tr>
<tr><td>行为描述</td><td></td><td>行为描述</td><td></td></tr>
<tr><td>感悟</td><td colspan="3"></td></tr>
</table>

思考与练习

结合心理学基本原理，分析客人的需求心理与待客技巧，填写以下表格。

服务情境描述	客人的需求心理与待客技巧分析
上午 9：00，2018 房门前，服务人员敲门通报“客房服务”，客人打开房门。 服务员礼貌道：“先生，早上好，打扰了。现在整理房间是否方便？” 客人：“半个小时之后吧。” 服务员：“半个小时后是 9：30，我会准时的，以后的几天都在上午 9：30 整理房间，您方便吗？” 客人：“可以。”（客人微笑地回应） 服务员：“我明白了，影响您休息了，再见。” 客人：“再见。”	

任务二　客房服务礼节礼仪技巧

学习目标

1. 了解客人入住酒店的服务礼节要求，提升自身业务修养；
2. 学会服务客人住房期间的接待技巧，结合心理学基本原理，分析现实生活中的具体案例。

学习任务

1. 组建学习小组。

2. 搜集酒店客房服务礼节礼仪的相关案例，分析客人对服务礼节的具体要求，结合模拟情境，在细节中提升自身的礼仪素养。

任务引入

阅读下面的案例，回答后面的问题。

【案例】

烟灰缸不见了

Mr. John是一位已在中国定居多年的商务人士，他酷爱收藏中国特色的工艺品。而他这次到广州出差，由于行程太紧，致使其第二天上午就得继续坐飞机去北京，所以他不得不放弃在广州收集一些工艺品的机会，这使他感到很遗憾。

傍晚，Mr. John洽谈完业务后住进了广州环球大酒店。当他走进房间，他原先那沮丧的情绪立即被狂喜所淹没，因为他被茶几上的一个泛着黑紫色的紫砂烟灰缸吸引住了。真是“踏破铁鞋无觅处，得来全不费工夫”，竟然让他在这家酒店里面找到了一个这么有特色的烟灰缸！Mr. John的心里顿时充满了浓浓的喜悦。于是，他悄悄地把这只烟灰缸放进了自己的行李箱里。

第二天早上，Mr. John到客房前台结账。服务员小刘到Mr. John房里清点东西，发现放置在茶几上的紫砂烟灰缸不翼而飞了。他急忙去报告客房部经理，他原以为经理会叫他去质问顾客是否偷了烟灰缸，但出乎他意料的是，经理竟然叫他再去拿一个包装精美的烟灰缸来送给Mr. John！虽然满肚子的不解，但是小刘还是走进客房部办公室，把一个包装精美的烟灰缸拿来给经理。

Mr. John接过客房部经理递过的礼物时也不免吃了一惊，他已经想好了一套说辞以应付可能的质问，但现在竟然派不上用场了。而更令人奇怪的是，难道酒店在清点房间内物品时真的没有发现烟灰缸不见了？

Mr. John正纳闷的时候，经理说话了：“Mr. John，很荣幸您入住本酒店。为了表达我们对您的欢迎，这个紫砂烟灰缸就作为我们小小的心意，给您留个纪念吧，希望您能喜欢。欢迎您下次再来本酒店！”

Mr. John拿着这份礼物，感动于酒店经理给他一个台阶，使他不那么难堪，不禁真切地握着经理的手说：“谢谢您的礼物，我非常喜欢。我下次到广州一定会再次光临贵店的！我会告诉我的朋友们，我所住的酒店里有着非常漂亮的中国工艺品！”

“Oh，good！”Mr. John高兴地竖起了大拇指。

望着Mr. John走远的背影，经理拍了拍小刘的肩膀说：“看到了吗，小伙子，这就叫做以小赢大。”小刘若有所悟地点了点头。

（案例来源：肖潜辉. 现代饭店实务全书. 北京：北京燕山出版社，1995.）

思考：经理的做法让你得到哪些启示？如果是你的话，你会怎样做呢？

任务布置

1. 情境布置：根据酒店行业服务特性的相关理论，走访某酒店客房部门的工作人员，列出酒店客房服务接待礼仪礼节应注意的细节。

2. 每6~8人组成一组，以小组为单位，围绕以上主题，进行模拟表演。

3. 各小组以各种形式（照片、视频、漫画、小品演示等）记录下来，并做一些简单的解释。

知识链接

一、对客人要使用尊称，使用礼貌语言

对客人要称呼“先生”、“太太”、“小姐”；对知道学位、军衔、职位的客人要在先生之前冠以职衔，如“博士先生”、“上校先生”、“经理先生”、“船长先生”、“团长先生”等；对大使或部长等官员，在官衔之后往往还加上“阁下”二字，以满足他们的自尊心。当客人从前台到客房时，服务员应在楼层电梯口迎接，微笑地问好，表示欢迎。一般客人对服务人员的热情欢迎都会十分高兴。这样做既可以满足客人求尊重的要求，也可以满足他们希望受欢迎的社会交际需求。同样，在迎面碰到客人时，服务员应当主动向客人问好。

二、记住客人的名字，并随时使用名字称呼他们

在异国他乡、陌生的环境中，如果能听到别人称呼自己的名字，人们会倍感亲切，如同在家里、在老朋友或老同事之中。所以，服务人员要努力记住每个客人的名字，经常使用客人的名字去称呼他，客人会倍感高兴，这也是尊重他们的一种表现。世界上一流的酒店一般都要求每位服务人员努力记住客人的名字并随时称呼。

三、尊重有生理缺陷的游客

有的服务员见到一些有生理缺陷的客人，往往喜欢评头论足，这是不应该的。一般有生理缺陷的人会有很强的自卑感，感到自己矮人一截，抬不起头，怕被人看不起。这种自

卑感实际上是人的尊重需求长期得不到满足而形成心理挫折的表现，他们对嘲弄自己的人十分反感，甚至会采取报复行为。残疾人特别需要被人尊重和帮助，我们做好这方面的工作，就恰好满足了他们的需要，肯定性的情感就必然会产生。

四、尊重来访的客人

不少华侨、港澳同胞、台湾同胞回内地探亲时住在酒店，期间，会有很多亲友到酒店探望。有时会来男女老少一大批人，还有不少是从农村专程赶来的亲友。服务员对他们应当热情招呼，礼貌地要求他们办好来访手续。一般应征得住客本人同意后，才能带他们进入住客的房间。来访的客人进入房间后，应当及时给来访者送茶，并适当增加椅子，以示热情招呼。如果服务人员对来访的客人不尊重，住客会反感，会认为这是看不起他们。

任务准备

一、团队组建

本书大部分内容的学习采取小组学习的方式进行，请在规定时间（15 分钟）内自行组建学习小组（每组人数视班级情况自定）。

学生分好组后，以小组为单位坐在一起。各组坐成半圆，中间的场地空出来，便于组织活动。每组选出组长、秘书，定出组名，编好组歌，画出组徽，制定好小组格言，并记录在下表中。

组名			
小组格言			
组徽		组歌	
组长		秘书	
组员姓名	联系电话	组员姓名	联系电话

二、教师下发任务书

任务书

1．任务目标

（1）学会共同合作、相互借鉴学习，听取老师的评价。

（2）根据客人不同的礼节需求，能及时迅速地作出有效的服务接待应对措施。

2．任务要求

（1）借助案例分析，把握客人对服务接待礼节的需求，并在服务接待中体现满足客人心理需求的服务策略。

（2）以小组为单位，运用所学知识，分别从每组搜集到的服务礼仪相关案例出发，模拟情景并设计情景对话，最后进行相互提问，共同进步。

3．活动规则

（1）各组自行做好计划书，明确分工。

（2）活动过程必须全体组员参与。

（3）要通过各种形式（照片、视频、漫画、小品演示等）将活动过程记录下来。

（4）任务完成后，要向全班同学汇报，并展示任务的完成过程。

任务实施

一、制订实施方案

认真分析任务，并确定好任务实施方案。

____

____

____

二、确定人员分工

任务实施过程中要明确分工任务，组长要调动组员充分表达不同的意见，形成职责清晰的任务分工表。

组员姓名	任务分工

三、过程监督

请各组成员在任务实施过程中做好过程记录，组长负责监督，全组共同完成进度监督表。

工作阶段	时间	进度描述	检查情况记录	改善措施以及建议

四、各组成员记录任务实施过程中的困难及收获

困难：____

____

小组成员想到的解决方法：____________________________

____

本次活动的收获：__________________________________

____

五、展示活动记录

每组在任务实施过程中，可以用各种形式把有关待客服务礼仪的案例展示出来，分别从客人与服务员的角色入手，进行礼仪展示。

六、班内汇报

汇报内容包括：对本次任务完成情况的介绍、任务实施过程中遇到的困难和解决的方法、对所搜集及观察到的内容的解说等。小组互相评价，并对同学的汇报情况做好记录。

组别	汇报情况（包括任务完成情况、过程处理及搜集效果等方面）

七、归纳总结

通过本次活动，结合以下案例，进行提高训练。

在一座繁华的大都市里，有一条星级酒店街，虽然每一个酒店都生意兴隆，但由于临近本市的火车站，星罗棋布的酒店旁，小偷自然也猖獗，有时还尾随客人进入酒店的大堂，坐在大堂的沙发上等客人出去办事的时候，蒙骗服务员进入房间偷窃。

一天上午，一位王先生刚进入其中一家三星级酒店（这家酒店还没有实行磁卡钥匙，还是服务员拿钥匙，客人回来后由服务员开门）。一位经常在酒店大门100米处溜达的小偷，看到王先生急匆匆地进了酒店，就尾随他进了大堂。当王先生在前台登记的时候，他也假装是到酒店住宿、等待办理登记手续的客人，站在王先生的旁边，从服务员和客人的交流中，记住了客人的姓名和房号之后，就坐在大厅里的沙发上，等王先生外出的时候，进入房间偷窃。

凡是“活跃”在大都市车站附近的小偷，大部分都是老谋深算的。不但偷窃手段高明，而且对“人”的心理也时常揣摩、窥探。小偷从他衣冠楚楚的外表和手指上带的贵重戒指，窥探出他是一个大款；从他急匆匆的脚步中，窥探出他可能马上要出去办事。

果然不出小偷所料，王先生进入客房后，只到洗脸间里洗了一下脸，就夹起公文包，又急匆匆地离开了酒店。洗脸时他把手指上的贵重戒指取了下来，放在了洗脸台上，由于走时特别慌张，他忘记戴戒指了。

虽然他在酒店门口坐上出租车时，想起来戒指忘在了洗脸台上，但急于出去办事，也就没有回去取，认为戒指放在自己的房间，是不会丢的。

小偷就在王先生离开酒店的十几分钟后，到他入住的房间楼层，找到正在楼层服务台值班的服务员说：“我是3657房间王某某的朋友，和他约好了时间，他有急事刚出去了十几分钟，等办完事马上就回来，让我先进房间等候。”

楼层服务员听到他的叙述之后，信以为真，毫不犹豫地给自称客人“朋友”的这位小偷开了房间门。

服务员认为：此人不但能叫出客人的姓名，而且还能说出客人住的房间号，甚至客人刚出去的时间也这么清楚，毫无疑问，一定是客人的知己“朋友”。

午饭前，客人办完事回到房间，发现放在卫生间洗脸台上的戒指不见了，立即向酒店有关部门投诉。当客务部和保安部排查此事的时候，当时值班的服务员才恍然大悟，原来那个自称客人“朋友”的刘先生，是一个小偷。

事后，虽然酒店赔偿了客人，也处罚了这位服务员，但酒店的形象还是受到了损失，客人在住店期间，恐惧心理始终没有消除。

从此以后，这位客人到这个繁华的大都市里出差办事，再也不来入住这家酒店了。

（资料改编：马莹．旅游心理学．北京：中国旅游出版社，2007.）

思考：从该案例中，我们可以得到什么启示？如何才能让客人感到安全？

评价反馈

以小组为单位，结合表中标准，围绕自己在活动前后的思想、行为等变化，进行客观评价。

<table>
<tr><th colspan="4">规范及责任意识综合体现评价标准</th></tr>
<tr><td colspan="4">1. 遵守规则。
2. 能快速找到与组员的共同目标。
3. 能准确无误、无条件地接受并立即执行组内指令。
4. 能按事先确定的方案尽力完成任务。
5. 能建立良好和谐的人际关系，使工作尽快开展。
6. 能够化解任务中的障碍。
7. 能勇于承认错误，敢于承担责任。
8. 能以大局为重，调整自己的工作节奏。
9. 能在团队合作中表达自己的意见，也能虚心接受他人的建议和批评。
10. 为了实现共同目标，能牺牲自己的利益。</td></tr>
<tr><td colspan="2">活动前</td><td colspan="2">活动后</td></tr>
<tr><td>思想描述</td><td></td><td>思想描述</td><td></td></tr>
<tr><td>行为描述</td><td></td><td>行为描述</td><td></td></tr>
<tr><td>感悟</td><td colspan="3"></td></tr>
</table>

思考与练习

通过学习，你的服务礼仪意识有没有增强？作为一名即将外出实习的学生应具备哪些职业形象及服务礼仪？

第三单元　去客服务心理分析与待客技巧

任务一　离店时善后服务的待客技巧

●学习目标

1. 了解客人离店的心理要求，关注服务接待技巧，给客人留下美好的印象；
2. 学会服务客人离店期间的接待技巧，结合心理学基本原理，分析现实生活中的具体案例。

学习任务

1. 组建学习小组。

2. 搜集酒店客房来客离店期间服务接待的相关案例，分析客人对服务接待的具体要求，结合模拟情境，理解“服务无小事，服务细节决定成败”的含义。

任务引入

阅读下面的案例，回答后面的问题。

【案例】

东南亚某大城市的一座豪华酒店门前，贵宾汉斯太太正准备上车离开酒店。当门卫关车门时，汉斯太太的手被车门夹了一下而且伤得很厉害。“你是怎么关门的?”汉斯太太怒气冲冲地责问门卫。“对不起，夫人，我是看您落座后才关门的。”门卫解释说。“你还要强辩!”汉斯太太怒不可遏，嗓门又提高了几度。第二天，汉斯太太通过律师向酒店投诉，并要求出赔偿1 000美元的治疗费和精神损失费。

（资料来源：蒋正芳，马国庆，罗怡平．旅游心理学．成都：电子科技大学出版社，2007.）

思考：汉斯太太为什么要投诉？请你分析一下门卫错在哪里。

任务布置

1. 情境布置：9月13日10：50，贵宾李俊收拾好行李准备离店，李总经理感觉此行在酒店不仅商务活动非常顺利，生活也特别舒适，心情格外愉快。酒店客务关系主任携礼宾员来到客房为贵宾送行，李俊总经理诚恳地说：“我要专门跟服务员小王道别。”除了表扬小王客房服务细致贴心之外，还格外提到，在小王为自己做房内商务洽谈服务期间，客人误认为小王是我公司的员工，对小王做事有条有理、待人彬彬有礼大加赞赏，令李总经理特有面子，事情也谈得顺利。酒店客务关系主任立即吩咐礼宾员通知小王一道送别客人。

2. 每6~8人组成一组，以小组为单位，围绕以上主题，进行模拟表演，并分析客人离店的心理需求，制定相应的接待技巧。

3. 各小组以各种形式（照片、视频、漫画、小品演示等）记录下来，并做一些简单的解释。

知识链接

完美的客房服务应表现在从客人入住到离开的各个细节始终如一、尽善尽美。当客人即将离店之际，还要一如既往地细心细致，处处替客人着想，令客人感受到融洽的客我关系，以深受酒店欢迎的心情离开酒店，并留下特别美好的印象。具体的服务心理与待客技巧如下。

一、贴心服务

客人希望酒店清楚其即将离店，并协助其完成未尽的事宜，以便顺利离店，所以他对细致贴心的客房服务有较高的心理预期。服务人员应根据“客人次日离店名单”，提前与客人沟通，核对次日离店的确切时间，做好后续的服务计划，主动询问有无代办、问询、叫醒等事宜需要服务；征询客人对酒店服务的满意程度，及时提供服务或协调解决。

二、真情送别

酒店客务关系主任携礼宾员来到客房为客人送行，表现出对客人的重视和应尽的礼遇，而客人对所提供的客房服务由表扬上升到赞赏，说明服务员的服务令客人十分满意。服务员来到房内，在表达祝愿之余，关切地提醒客人携带好随身物品，热情送客至电梯口，为大家服务电梯，再次祝愿客人，并欢迎他们下次光临，最后目送客人随电梯离开。

三、仔细查房

当客人离开后，迅速查房，主要检查客人有无遗留物品，发现后及时归还，不少酒店在查房这一环节经常出现房内设施物品损坏、丢失，房内商品没有入账等，令急于结账的客人尴尬甚至恼火。而小王所在的酒店无此烦恼，原因是酒店客人大多素质较高，酒店服务到位，客人配合服务，即便出现问题，酒店会衡量让客人解决问题的“成本”，不烦扰客人，形成极力维护好客我关系的思维，确保客人愉快地踏上旅途。

任务准备

一、团队组建

本书大部分内容的学习采取小组学习的方式进行，请在规定时间（15 分钟）内自行组建学习小组（每组人数视班级情况自定）。

学生分好组后，以小组为单位坐在一起。各组坐成半圆，中间的场地空出来，便于组织活动。每组选出组长、秘书，定出组名，编好组歌，画出组徽，制定好小组格言，并记录在下表中。

组名			
小组格言			
组徽		组歌	
组长		秘书	
组员姓名	联系电话	组员姓名	联系电话

二、教师下发任务书

任务书

1. 任务目标

（1）学会共同合作、相互借鉴学习，听取老师的评价。

（2）根据客人离店期间的心理需求，能及时迅速地作出有效的服务接待及应对措施。

2. 任务要求

（1）借助案例分析，把握客人对服务接待的心理需求，并在服务接待中体现满足客人心理需求的服务策略。

（2）以组为单位，运用所学知识，一小组扮演去客，一小组分析客人服务需求心理预期，进行角色扮演，演练待客技巧。

3. 活动规则

（1）各组自行做好计划书，明确分工。

（2）活动过程必须全体组员参与。

（3）要通过各种形式（照片、视频、漫画、小品演示等）将活动过程记录下来。

（4）任务完成后，要向全班同学汇报，并展示任务的完成过程。

任务实施

一、制订实施方案

认真分析任务，并确定好任务实施方案。

二、确定人员分工

任务实施过程中要明确分工任务，组长要调动组员充分表达不同的意见，形成职责清晰的任务分工表。

组员姓名	任务分工

三、过程监督

请各组成员在任务实施过程中做好过程记录，组长负责监督，全组共同完成进度监督表。

工作阶段	时间	进度描述	检查情况记录	改善措施以及建议

四、各组成员记录任务实施过程中的困难及收获

困难：______________________________

____

小组成员想到的解决方法：______________________________

____

本次活动的收获：______________________________

____

五、展示活动记录

每组在任务实施过程中，可以用各种形式把本组搜集到的去客待客服务技巧的案例记录下来，分别扮演可能的来客，并分析每一类型的客人服务需求心理预期，进行角色扮演，将服务待客技巧以各种形式展示出来。

六、班内汇报

汇报内容包括：对本次任务完成情况的介绍、任务实施过程中遇到的困难和解决的方法、对所搜集及观察到的内容的解说等。小组互相评价，并对同学的汇报情况做好记录。

组别	汇报情况（包括任务完成情况、过程处理及搜集效果等方面）

七、归纳总结

通过本次活动，认真补充完成以下问题，进行提高训练。

1. 分析客人需求多样性的心理，探讨待客技巧。（典型待客技巧举例）
2. 分析客人需求指向性的心理，探讨待客技巧。（典型待客技巧举例）
3. 分析客人需求变化性的心理，探讨待客技巧。（典型待客技巧举例）
4. 分析客人需求主观性的心理，探讨待客技巧。（典型待客技巧举例）

评价反馈

以小组为单位，结合表中标准，围绕自己在活动前后的思想、行为等变化，进行客观评价。

<table>
<tr><td colspan="4">规范及责任意识综合体现评价标准</td></tr>
<tr><td colspan="4">1. 遵守规则。
2. 能快速找到与组员的共同目标。
3. 能准确无误、无条件地接受并立即执行组内指令。
4. 能按事先确定的方案尽力完成任务。
5. 能建立良好和谐的人际关系，使工作尽快开展。
6. 能够化解任务中的障碍。
7. 能勇于承认错误，敢于承担责任。
8. 能以大局为重，调整自己的工作节奏。
9. 能在团队合作中表达自己的意见，也能虚心接受他人的建议和批评。
10. 为了实现共同目标，能牺牲自己的利益。</td></tr>
<tr><td colspan="2">活动前</td><td colspan="2">活动后</td></tr>
<tr><td>思想描述</td><td></td><td>思想描述</td><td></td></tr>
<tr><td>行为描述</td><td></td><td>行为描述</td><td></td></tr>
<tr><td>感悟</td><td colspan="3"></td></tr>
</table>

思考与练习

通过学习，请你归纳如何给即将离店的客人留下好印象？请列举至少两个以上的成功待客案例，并与其他同学分享。

任务二　客人反馈服务的待客技巧

●学习目标

1. 了解客人离店的心理要求，关注服务反馈接待技巧，给客人留下美好的印象；
2. 学会客人离店期间的接待技巧，结合心理学基本原理，分析现实生活中的具体案例。

学习任务

1. 组建学习小组。

2. 搜集客人离店期间反馈服务的技巧，分析客人留下反馈的意图，并学会从反馈意见中提取建议，为酒店的未来发展提供帮助。

任务引入

阅读下面的案例，回答后面的问题。

【案例】

苏州南园宾馆里，一位澳门客人外出期间，他的一位内地亲戚来找他，要求进他房间去等候。由于客人事先没有留言交代，总台服务员没有答应其要求。澳门客人回来后见亲戚还坐在大堂沙发等候，十分不悦，马上跑到总台与服务员争执起来。公关部李小姐闻讯后赶来，刚要开口解释，客人就把她作为泄怒的目标，指着她呵斥起来。

（资料来源：蒋正芳，马国庆，罗怡平. 旅游心理学. 成都：电子科技大学出版社，2007.）

思考：如果你是李小姐，你该如何处理？

任务布置

1. 情境布置：设计客人离店阶段可能出现的客房服务情景，并进行角色扮演。一名同学扮演服务人员，其他同学扮演客人，体会当时的心理感受，并运用待客技巧，完成服务任务。

2. 每6~8人组成一组，以小组为单位，围绕以上主题，进行模拟表演，并分析客人离店的心理需求，制定相应的接待技巧。

3. 各小组以各种形式（照片、视频、漫画、小品演示等）记录下来，并做一些简单的解释。

知识链接

一、酒店客人的需求特点

1. 需求的多样性

人的需求是客观的，服务要给予足够的尊重。这既是以人为本的核心内容，也是尊重人的自然前提与逻辑要求。酒店客人来自不同的背景，每一个人都有自己的习惯、爱好，从而对酒店的需求存在差异性与层次性。酒店存在的不同分类，就是根据客人需求的多样性，从而确定经营方向的，按照对应的客人群体，设计针对性的服务项目，运用待客技巧，满足客人的心理预期。

2. 需求的指向性

人们的消费有明确的指向性，无论是精神占主导地位，还是生理占主导地位，均要求酒店仔细分析、激发辨别客人的需求指向，用针对性的特色吸引客人的眼球。除满足客人的主导需求外，还要激发客人产生新的需求兴趣，引导客人消费。

3. 需求的变化性

随着社会的发展，客人提出的需求不断出现新的变化，服务应随之改变甚至超前反应。如客人的受教育程度越来越高，对酒店服务人员的服务素质要求也越来越高，酒店就应该从选材、培训、服务等方面注重服务人员的内涵，形成较高品味的服务氛围，迎合客人需求，引导客人消费。

4. 需求的主观性

酒店每一位客人对服务都有真假善恶的主观判断标准，对为其提供的服务，总是用客人自己的尺子衡量长短，表现其需求的主观性。所以酒店倡导“客人永远是对的”理念，提醒服务员应尊重客人需求的主观性，服务讲究灵活多变、因人而异，而不是不顾客人心理需求。

5. 需求的周期性

客人吃、住、休闲等生理、心理需求，不是一次消费就可以长期获得满足的，对酒店服务的需求呈现出周期性。酒店也得靠客人不断光顾，得以生存与发展。这就需要关注客人的满意度，不断研究客人需求的新变化，令客人感受到的不都是周而复始、复制性的服务，而是不断优化、创新的服务。

二、如何看待客人反馈及如何加以利用

（1）客人是酒店做好服务的“老师”，相信客人有许多好主意。
（2）不遗余力地捕捉获取客人意见的机会。
（3）留给客人极为顺畅的反馈渠道，令客人反馈得更容易。
（4）重视客人的反馈，内部及时共享，持续地改进。
（5）当一定比例的客人提出同样的问题的时候，考虑修订服务规程或新增服务项目。
（6）客人反馈后，能够迅速获得服务变化的体验。

任务准备

一、团队组建

本书大部分内容的学习采取小组学习的方式进行，请在规定时间（15 分钟）内自行组建学习小组（每组人数视班级情况自定）。

学生分好组后，以小组为单位坐在一起。各组坐成半圆，中间的场地空出来，便于组织活动。每组选出组长、秘书，定出组名，编好组歌，画出组徽，制定好小组格言，并记录在下表中。

组名			
小组格言			
组徽		组歌	
组长		秘书	
组员姓名	联系电话	组员姓名	联系电话

二、教师下发任务书

任务书

1．任务目标

（1）学会共同合作、相互借鉴学习，听取老师的评价。

（2）根据客人离店期间的反馈，能及时迅速地作出有效的服务接待以及应对措施。

2．任务要求

（1）借助案例分析，把握客人对反馈服务接待的心理需求，并在服务接待中体现满足客人心理需求的服务策略。

（2）以组为单位，运用所学知识，一小组扮演去客，一小组分析客人反馈服务需求心理预期，进行角色扮演，演练待客技巧。

3．活动规则

（1）各组自行做好计划书，明确分工。

（2）活动过程必须全体组员参与。

（3）要通过各种形式（照片、视频、漫画、小品演示等）将活动过程记录下来。

（4）任务完成后，要向全班同学汇报，并展示任务的完成过程。

任务实施

一、制订实施方案

认真分析任务，并确定好任务实施方案。

____

____

____

二、确定人员分工

任务实施过程中要明确分工任务，组长要调动组员充分表达不同的意见，形成职责清晰的任务分工表。

组员姓名	任务分工

三、过程监督

请各组成员在任务实施过程中做好过程记录，组长负责监督，全组共同完成进度监督表。

工作阶段	时间	进度描述	检查情况记录	改善措施以及建议

四、各组成员记录任务实施过程中的困难及收获

困难：______________________________

____

小组成员想到的解决方法：______________________________

____

本次活动的收获：______________________________

____

五、展示活动记录

每组在任务实施过程中，可以用各种形式把本组搜集到的去客待客服务技巧的案例记录下来，分别扮演可能的来客，并分析每一类型的客人服务需求心理预期，进行角色扮演，将服务待客技巧以各种形式展示出来。

六、班内汇报

汇报内容包括：对本次任务完成情况的介绍、任务实施过程中遇到的困难和解决的方法、对所搜集及观察到的内容的解说等。小组互相评价，并对同学的汇报情况做好记录。

组别	汇报情况（包括任务完成情况、过程处理及搜集效果等方面）

七、归纳总结

通过本次活动，将学生分成两组，一组提出可能的去客，一组分析客人服务心理预期，然后通过角色扮演，练习待客技巧。比如，分组情景表演真情送客的服务、客房服务员归还离店客人遗留物品等。

评价反馈

以小组为单位，结合表中标准，围绕自己在活动前后的思想、行为等变化，进行客观评价。

<table>
<tr><td colspan="4">规范及责任意识综合体现评价标准</td></tr>
<tr><td colspan="4">1. 遵守规则。
2. 能快速找到与组员的共同目标。
3. 能准确无误、无条件地接受并立即执行组内指令。
4. 能按事先确定的方案尽力完成任务。
5. 能建立良好和谐的人际关系，使工作尽快开展。
6. 能够化解任务中的障碍。
7. 能勇于承认错误，敢于承担责任。
8. 能以大局为重，调整自己的工作节奏。
9. 能在团队合作中表达自己的意见，也能虚心接受他人的建议和批评。
10. 为了实现共同目标，能牺牲自己的利益。</td></tr>
<tr><td colspan="2">活动前</td><td colspan="2">活动后</td></tr>
<tr><td>思想描述</td><td></td><td>思想描述</td><td></td></tr>
<tr><td>行为描述</td><td></td><td>行为描述</td><td></td></tr>
<tr><td>感悟</td><td colspan="3"></td></tr>
</table>

思考与练习

1. 请把来客跟进服务做成一个流程图，同桌之间进行相互评价。
2. 收集客人离店反馈的相关典型案例，进行换位思考，进一步了解客人的心理需求。

学习情境四

餐饮服务心理分析与待客技巧

餐饮是客人对酒店需求的核心项目之一。随着人们生活水平的提高，其对餐饮服务品质的要求也越来越高。

第一单元　宴会服务心理分析与待客技巧

任务一　宴会准备服务心理分析与待客技巧

●学习目标

1. 学会把握客人就餐前的心理需求，满足客人就餐时的心理需求；
2. 学会满足宴会厅客人个性化需求的服务接待技巧。

学习任务

1. 组建学习小组。

2. 搜集酒店客人就餐前服务接待的相关案例，分析客人对服务接待的具体要求，结合模拟情境，理解“服务无小事，服务细节决定成败”的含义。

任务引入

阅读下面的案例，回答后面的问题。

【案例】

有一位来自英国的中年女士，中文名字叫文玉，住进了青岛一家四星级酒店，目的有两个：一是为了对这个城市的民俗民风进行实地考察；二是为适应这个城市的生活环境，做好心理准备。因她在半年前通过电脑网络，受聘于这个城市里的一所高等院校的英语系，是一名外籍英语教师。她为了快速地适应这个城市的自然环境和人文环境，就在开学前的一个月，对这个城市和将要就职的学校，进行了实地考察。

入住这家酒店之后，她不但对西餐厅的美味需求很高，而且对餐厅是否具备西方文化的氛围，有较高的个性化心理需求。

她在英国从事语言教学和研究20多年，对西方文化的内涵在各个不同行业的渗透和融合，都有深刻的研究，尤其是对西餐中的文化内涵，更有其独到的见解。在西餐厅就餐的一个小时内，她用深邃的蓝眼睛把西餐厅环顾了一周，认真地欣赏着墙壁上挂着的每一幅装饰画，是否都是西方名人名画的摹本；仔细地聆听西餐厅里的背景音乐，播放的是否是西方名曲。在就餐之前，又特别用心地观察就餐用的刀、叉、盘、勺，是否和国酒店相同。最后在就餐的时候，又特别仔细地品尝西餐的味道，是否和本国酒店的菜肴特色相同。

英国教师文玉的心理需求，淋漓尽致地表现在她的用餐过程中，这一切被在西餐厅当领班的张兰兰看在眼里，记在心上。第二天上午9点上班后，她带领餐厅的所有服务员，从餐厅的音乐背景，到墙壁上挂的装饰画，都按照西方的文化品位，重新调整了布局，充分展现了餐厅的西方文化氛围。

由于这家星级酒店的西餐厅做得比较到位，英国教师很满意地在酒店住了一周时间，在她受聘为高校英语教师的三年里，只要有亲人和英国朋友来访，她都要带他们到这家酒店住宿，并到这家餐厅就餐。

（资料来源：蒋正芳，马国庆，罗怡平．旅游心理学．成都：电子科技大学出版社，2007.）

思考：该案例中满足了客人的哪种心理需求？

任务布置

1. 情境布置：国际酒店宴会厅内的80桌800个餐位座无虚席，受爱华公司邀请，政府贵宾、协作企业贵宾会同本公司的经营团队济济一堂，客人们谈笑风生，气氛热烈。坐在主桌的爱华公司李总经理，一边与身边的贵宾交谈，一边环视高雅宴会厅，当看到客人们心情愉悦，周围的服务有条不紊、忙而不乱时，由衷期待所举办的大型年终答谢宴会获得成功。

2. 每6~8人组成一组，以小组为单位，围绕以上主题，进行模拟表演，并分析客人就餐准备期间的心理需求，制定相应的接待技巧。

3. 各小组以各种形式（照片、视频、漫画、小品演示等）记录下来，并做一些简单的解释。

知识链接

一、宴会服务

客人对在五星级酒店举办的宴会充满美好的心理预期，希望宴会气氛热烈，能感受到环境高雅华贵、菜品特色绝佳、服务精心精致，这不仅与宴会设计布置阶段的工作水平有关，也与宴会服务水准密不可分。客人在餐厅落座、就餐过程、餐后退席三个阶段的心理需求，要求服务人员提供“迎宾领位、餐中服务、礼貌送客”对应服务。

客人从到达宴会厅口到到达指定餐位落座，都希望受到热情迎接，以满足其“受到尊重、受到重视、受到欢迎”的心理预期，同时也是满足客人求方便的需求。

二、迎客领位技巧

客到主动迎，态度要热情；开口问您好，引客在前行；走路要稳健，脸上常挂笑；微笑要自然，面目表情真。

三、拉椅递巾技巧

落座先拉椅，动作快稳雅，遇客对话时，关注客表情；待客坐定后，随即递送毛巾，餐巾铺三角，顺手拆筷套。

客人对宴会服务的美好期待，如同期待舞台的艺术家表演精彩那样。与表演艺术家不同的是，服务的艺术在于恰到好处地满足客人个性化的喜好、习惯，服务于客人开口之前，满足客人对服务“热情主动、善解人意、无微不至”的美好心理预期。

作为一名餐厅的服务员，在熟练地运用对客服务程序，为客人提供服务的时候，能否满足客人的心理需求，是吸引客人到餐厅就餐的主要因素之一。

1. 在微笑服务中，体现出真诚与善良

作为一名餐厅服务员，为客人提供微笑服务，是最基本的服务项目之一。你的服务是否发自内心，是否能让客人从你的微笑中体验到真挚与善良，是客人满意的基本评价标准。

2. 语言服务体现亲和力

餐厅服务员的语言服务，能否做到甜美、悦耳、动听，能否使客人感受到你的服务语言具有亲和力，是对餐厅服务员的基本要求，也是到餐厅就餐的客人，对服务员的心理需求。

3. 仪表、仪态具有东方淑女气质

凡是到酒店餐厅或街头巷尾的酒家就餐的客人，对餐厅服务员的仪表仪态是否高雅、端庄、大方，都要求很高。因为餐厅服务员在餐厅这个“舞台”上的“演员”形象，能否得到客人认可，不仅要求微笑服务和语言服务恰到好处，仪表仪态端庄、大方和高雅文静，还要求外在形象和内在形象的完美统一。

如果客人在酒店就餐之后，对女性服务员的整体印象是：具有“东方淑女”的气质，就会对餐厅的文化品位，有一个比较高的评价。

任务准备

一、团队组建

本书大部分内容的学习采取小组学习的方式进行，请在规定时间（15 分钟）内自行组建学习小组（每组人数视班级情况自定）。

学生分好组后，以小组为单位坐在一起。各组坐成半圆，中间的场地空出来，便于组织活动。每组选出组长、秘书，定出组名，编好组歌，画出组徽，制定好小组格言，并记录在下表中。

组名			
小组格言			
组徽		组歌	
组长		秘书	
组员姓名	联系电话	组员姓名	联系电话

二、教师下发任务书

任务书

1. 任务目标

（1）学会共同合作、相互借鉴学习，听取老师的评价。

（2）根据客人餐饮准备期间的心理需求，能及时迅速地作出有效的服务接待应对措施。

2. 任务要求

（1）借助案例分析，把握餐饮服务中典型顾客的心理需求，并在服务接待中体现满足客人心理需求的服务策略。

（2）以小组为单位，运用所学知识，一组扮演前来就餐的客人，一组分析典型顾客的心理预期，进行角色扮演，演练待客技巧。

3. 活动规则

（1）各组自行做好计划书，明确分工。

（2）活动过程必须全体组员参与。

（3）要通过各种形式（照片、视频、漫画、小品演示等）将活动过程记录下来。

（4）任务完成后，要向全班同学汇报，并展示任务的完成过程。

任务实施

一、制订实施方案

认真分析任务，并确定好任务实施方案。

____

____

____

二、确定人员分工

任务实施过程中要明确分工任务，组长要调动组员充分表达不同的意见，形成职责清晰的任务分工表。

组员姓名	任务分工

三、过程监督

请各组成员在任务实施过程中做好过程记录，组长负责监督，全组共同完成进度监督表。

工作阶段	时间	进度描述	检查情况记录	改善措施以及建议

四、各组成员记录任务实施过程中的困难及收获

困难：______________________________

____

小组成员想到的解决方法：______________________________

____

本次活动的收获：______________________________

____

五、展示活动记录

每组在任务实施过程中，可以用各种形式把本组搜集到的就餐准备期间待客服务技巧的案例记录下来，分别扮演可能的来客，并分析每一类型的客人服务需求心理预期，通过角色扮演，将服务待客技巧以各种形式展示出来。

服务情境描述	客人需求心理与待客技巧分析
服务人员每一次到客人身边服务，都要经常以“您好、打扰了”等用语轻声提示，提供服务过程中，若客人配合，立即诚恳地以“谢谢”回应。	

（续上表）

服务情境描述	客人需求心理与待客技巧分析
服务人员托盘上菜时，身边的客人说："慢点。"服务员报菜名时，有意向善意提示的客人微笑表达谢意，并在后续的斟酒、分菜、撤换餐盘等服务中，做到便客、沉稳、优雅，令客人放心称心。	

六、班内汇报

汇报内容包括：对本次任务完成情况的介绍、任务实施过程中遇到的困难和解决的方法、对所搜集及观察到的内容的解说等。小组互相评价，并对同学的汇报情况做好记录。

组别	汇报情况（包括任务完成情况、过程处理及搜集效果等方面）

七、归纳总结

通过本次活动，将学生分成小组，进行角色扮演，一名同学扮演服务人员，其他同学扮演客人，体会当时的心理感受，并运用待客技巧，做好宴会服务。分析客人的需求心理与待客技巧，教师做好点评。

评价反馈

以小组为单位，结合表中标准，围绕自己在活动前后的思想、行为等变化，进行客观评价。

<table>
<tr><td colspan="4">规范及责任意识综合体现评价标准</td></tr>
<tr><td colspan="4">1. 遵守规则。
2. 能快速找到与组员的共同目标。
3. 能准确无误、无条件地接受并立即执行组内指令。
4. 能按事先确定的方案尽力完成任务。
5. 能建立良好和谐的人际关系，使工作尽快开展。
6. 能够化解任务中的障碍。
7. 能勇于承认错误，敢于承担责任。
8. 能以大局为重，调整自己的工作节奏。
9. 能在团队合作中表达自己的意见，也能虚心接受他人的建议和批评。
10. 为了实现共同目标，能牺牲自己的利益。</td></tr>
<tr><td colspan="2">活动前</td><td colspan="2">活动后</td></tr>
<tr><td>思想描述</td><td></td><td>思想描述</td><td></td></tr>
<tr><td>行为描述</td><td></td><td>行为描述</td><td></td></tr>
<tr><td>感悟</td><td colspan="3"></td></tr>
</table>

思考与练习

1. 根据餐饮服务中典型顾客的特征，搜集相关的待客案例及技巧，如家长型、朋友型、儿童型、挑剔型、主人型、主妇型等客人。

2. 根据不同的情景，进行客人就餐心理分析及待客技巧分析。

任务二　宴会期间服务心理分析与待客技巧

●学习目标

1. 学会把握客人宴会用餐期间的心理需求，满足客人就餐时的心理需求；
2. 学会满足宴会厅客人个性化需求的服务接待技巧。

学习任务

1. 组建学习小组。

2. 搜集酒店客人宴会期间服务接待的相关案例，分析客人对服务接待的具体要求，并制定有关宴会接待的有效沟通技巧，学会在实践中恰当地运用。

任务引入

阅读下面的案例，回答后面的问题。

【案例】

2013 年 8 月 3 日，在北京的某五星级酒店，入住了一位新加坡老先生，他是新加坡文化界的名人，到中国进行为期一个月的学术交流。这次的北京之行，他不仅在中国的文化界结交了不少中国朋友，还在闲暇之余，游览了中国的名胜古迹和著名旅游城市，以及北京的景区景点，对中国很满意，尤其对中国西部的“丝绸之路”的异域风光，更加情有独钟。

他曾对中国的朋友们说：“你们中国的丝绸之路，体现的是中国古代西域的壮阔美和宏大美，在文化内涵和历史价值研究方面，在世界文化史上是独一无二的。”

他在离开北京之前，想要选择一家五星级酒店，举办 10 桌宴席，来答谢中国朋友对他的关爱和友情。不过他要求宴会厅的背景画面必须是“丝绸之路”。

在闲暇之余，他联系了不少酒店，但都不能满足他的心理需求。

正当他抑郁的时候，一位中国朋友告诉他，坐落在北京长安街附近的一家五星级酒店，能满足他的心理需求。该酒店宴会厅的背景画面正是中国“丝绸之路”的风光。

他马上驱车来到了该酒店的宴会厅，把自己的个性化心理需求告诉了在宴会厅工作了两年的优秀服务生李开开。李开开是北京某旅游院校的一名大学生，他马上向宴会厅经理作了汇报，经理很快地来到了老先生面前，并答应了他的个性化需求。

第二天中午10点，老先生来到了宴会厅，当他看到一幅壮丽宏大的“丝绸之路”背景画时，他高兴地笑了！这幅画不管是从背景画面的宏大美和壮阔美的角度去欣赏，还是从画面色彩的搭配和人与物的和谐方面去观察，都有一种令人心旷神怡的感觉。他看完之后，用了中国的一句古诗来抒发自己内心的感受：“山穷水复疑无路，柳暗花明又一村。”

中午12点，他在这里举办了10桌答谢宴会，中国朋友对他的盛情表示了衷心的感谢，还对他选择的中国“丝绸之路”背景画给予了高度的评价，他的心理需求也得到了很好的满足。

宴会结束后，在他和中国朋友临别之时，他的中国朋友纷纷表示，如果有大型的朋友聚会或单位的会议宴请，也到这家酒店的宴会厅举办，因为这里不仅能使他们追忆永恒的友情，而且能使心理感受达到心旷神怡的层面。

（案例来源：赵慧军．现代管理心理学．北京：首都经济贸易大学出版社，2003.）

思考：该案例中体现了客人在选择酒店就餐时的哪个主要因素？假如你作为客人到外地的餐厅就餐，你会有哪些个性化需求？

____

____

____

任务布置

1. 情境布置：各小组按照以下表格的服务情景示例，设计可能出现的宴会服务情境，并进行角色扮演，一名同学扮演服务人员，其他同学扮演客人，体会当时的心理感受，并运用待客技巧，完成服务任务。把客人的需求心理与待客技巧分析填入表内。

服务情景描述	客人的需求心理与待客技巧分析
参加宴会的客人刚进入视线，迎宾员立即以目光相迎，并报以微笑。 迎宾员：“先生您好，您是参加爱华公司答谢宴会的嘉宾吗？” 客人：“是的。” 迎宾员：“需要您的全名，查看您就餐的餐位。” 客人：“王明浩。” 迎宾员：“安排您在8餐台就餐，这边请。”迎宾员满面春风。	

2. 每6~8人组成一组，以小组为单位，围绕以上主题，进行模拟表演，并分析客人宴会期间的心理需求，制定相应的接待技巧。

3. 各小组以各种形式（照片、视频、漫画、小品演示等）记录下来，并做一些简单的解释。

知识链接

一、建立良好的就餐环境

良好的就餐环境，能使客人舒适地用餐，才能使他们感觉到物有所值。良好的就餐环境主要包括醒目的视觉环境和愉悦的听觉环境。

1. 醒目的视觉环境

餐厅的门面要醒目，易于识别辨认。内部的装潢设计充满艺术气息，与酒店的整体风格相呼应。环境卫生应做到地面洁净，门窗、墙壁、服务台、座椅洁净整齐，餐具物品摆放有序。

2. 愉悦的听觉环境

在餐厅里播放一些背景音乐，可以调节客人用餐的心情。播放音乐要因地制宜，根据酒店的特点来选取适当的乐曲。如快餐厅可以播放一些欢快的音乐，增加客流量；正餐厅可以播放一些悠扬的轻音乐，增加客人的食欲。

二、提高酒店的服务质量

酒店的服务质量直接决定酒店经营的成败，是酒店对服务的重要衡量标准，也是客人对餐厅服务的基本需求之一。提高酒店的服务质量，可以通过以下几个途径。

1. 使用“无声语言”

“无声语言”指的是体态语。餐厅服务人员在对客进行服务的过程中，不但要使用柔性语言，还要使用“无声语言”，最重要的就是眼神和微笑的运用。眼神的交流才是心与心的沟通，才是真诚的问候。服务人员在对客交往中，应该注重眼神的沟通。与客面对面的时候，应该正视对方，通过目光让对方了解你在认真倾听，这样与客人的沟通和交往才能顺利进行。

2. 培养敏锐的洞察力

细节决定成败。要让客人觉得你和蔼可亲，服务人员必须善于观察客人的情绪变化、客人的即时需求。如果客人一个细小的动作都能被你觉察到，就会使客人感到无比的欣慰。

三、树立餐厅特色品牌

针对客人对饮食求新求异的需求心理，酒店的餐厅应该充分挖掘当地的饮食特色，树立特色饮食品牌，打造特色文化餐厅，不断推出不同风格的餐饮服务模式，从菜式的品种、餐厅的装饰和布局、背景音乐到服务人员的特色服饰，以不同的特色来渲染气氛，弘扬餐饮文化。

四、宴会的本质特征

“宴会”是以餐饮聚会为表现形式的一种高品位的社交活动方式。宴会作为一种餐饮服务方式，有其自身的本质特征。

（1）群聚性：宴会是有某种联系的众人聚在一起进餐的一种群居性餐饮消费方式。

（2）交际性：不同的宴会主题各异，但都离不开社会交往这一基本点。宴会可以说是一种有效的沟通方式，通过集体就餐的方式加强人与人之间的交流。

（3）正规性：宴会一般都有安排周密的计划、讲究规模和气氛的特征。

（4）利润性：宴会的高标准、高要求，必然带来高消费、高收益的特征。一般而言，宴会的毛利率往往远远高于零点餐厅，是酒店餐饮服务中收益较高的业务方式之一。

任务准备

一、团队组建

本书大部分内容的学习采取小组学习的方式进行，请在规定时间（15 分钟）内自行组建学习小组（每组人数视班级情况自定）。

学生分好组后，以小组为单位坐在一起。各组坐成半圆，中间的场地空出来，便于组织活动。每组选出组长、秘书，定出组名，编好组歌，画出组徽，制定好小组格言，并记录在下表中。

组名			
小组格言			
组徽		组歌	
组长		秘书	
组员姓名	联系电话	组员姓名	联系电话

二、教师下发任务书

任务书

1. 任务目标

（1）分析宴会接待的不同案例，归纳总结客人对宴会的要求。

（2）能根据有关情境进行分析，并制定相应的心理接待方式。

2. 任务要求

（1）在教师指导和辅助下，以小组为单位，根据不同客人的心理需求，设计关于服务人员心理素质的情景，进行情景模拟，设计情景对话。

（2）以小组为单位，收集宴会期间待客服务的案例。

3. 活动规则

（1）各组自行做好计划书，明确分工。

（2）活动过程必须全体组员参与。

（3）要通过各种形式（照片、视频、漫画、小品演示等）将活动过程记录下来。

（4）任务完成后，要向全班同学汇报，并展示任务的完成过程。

任务实施

一、制订实施方案

认真分析任务，并确定好任务实施方案。

____

____

____

二、确定人员分工

任务实施过程中要明确分工任务，组长要调动组员充分表达不同的意见，形成职责清晰的任务分工表。

组员姓名	任务分工

三、过程监督

请各组成员在任务实施过程中做好过程记录，组长负责监督，全组共同完成进度监督表。

工作阶段	时间	进度描述	检查情况记录	改善措施以及建议

四、各组成员记录任务实施过程中的困难及收获

困难：____

____

小组成员想到的解决方法：____________________________

____

本次活动的收获：________________________________

____

五、展示活动记录

每组在任务实施过程中，可以用各种形式把本组搜集到的宴会期间待客服务技巧的案例记录下来，分别扮演可能的来客，并分析每一类型的客人服务需求心理预期，通过角色扮演，将服务待客技巧以各种形式展示出来。

服务情境描述	客人需求心理与待客技巧分析

六、班内汇报

汇报内容包括：对本次任务完成情况的介绍、任务实施过程中遇到的困难和解决的方法、对所搜集及观察到的内容的解说等。小组互相评价，并对同学的汇报情况做好记录。

组别	汇报情况（包括任务完成情况、过程处理及搜集效果等方面）

七、归纳总结

通过本次活动，将学生分成小组，进行角色扮演，一名同学扮演服务人员，其他同学扮演客人，体会当时的心理感受，并运用待客技巧，做好宴会服务。分析客人的需求心理与待客技巧，教师做好点评。

评价反馈

以小组为单位，结合表中标准，围绕自己在活动前后的思想、行为等变化，进行客观评价。

<table>
<tr><th colspan="4">规范及责任意识综合体现评价标准</th></tr>
<tr><td colspan="4">1. 遵守规则。
2. 能快速找到与组员的共同目标。
3. 能准确无误、无条件地接受并立即执行组内指令。
4. 能按事先确定的方案尽力完成任务。
5. 能建立良好和谐的人际关系，使工作尽快开展。
6. 能够化解任务中的障碍。
7. 能勇于承认错误，敢于承担责任。
8. 能以大局为重，调整自己的工作节奏。
9. 能在团队合作中表达自己的意见，也能虚心接受他人的建议和批评。
10. 为了实现共同目标，能牺牲自己的利益。</td></tr>
<tr><td colspan="2">活动前</td><td colspan="2">活动后</td></tr>
<tr><td>思想
描述</td><td></td><td>思想
描述</td><td></td></tr>
<tr><td>行为
描述</td><td></td><td>行为
描述</td><td></td></tr>
<tr><td>感悟</td><td colspan="3"></td></tr>
</table>

思考与练习

根据对心理学理论在酒店服务中运用的理解，针对宴会期间客人心理预期，列举较为成功的待客技巧。

第二单元　零点服务心理分析与待客技巧

任务一　点菜服务心理分析与待客技巧

●学习目标

1. 学会把握客人用餐期间的点菜心理需求，满足客人就餐时的心理需求；
2. 学会满足客人点菜期间个性化需求的服务接待技巧。

学习任务

1. 组建学习小组。

2. 搜集酒店客人点菜服务接待的相关案例，分析客人对服务接待的具体要求，结合模拟情境，理解“服务无小事，服务细节决定成败”的含义。

任务引入

阅读下面的案例，回答后面的问题。

【案例】

在南方某一座知名城市的黄金地段，有一家四星级酒店，特设了一个具有地方特色的面食餐厅，名曰：杭州面馆。这家餐厅里有五位来自江南水乡的女服务员。她们来自这座城市郊区的三个水乡之村，是高中同窗好友。三年前高考落榜，在经过短时间的心理煎熬——是复读第二年再考大学，还是选择一个短期培训班，掌握一点生存技能，到城市谋生之后，决定选择后者。因为她们的家庭经济状况都不好，继续复读需要给学校交几万元的复读费，靠父母"面朝稻田背朝天"的农业收入，是根本拿不出来的，何况即使再复读一年，未必第二年就能考上大学。

于是，她们就到市培训中心参加了为期一年的酒店服务员培训班学习。由于她们学习努力，不但服务操作程序规范，而且服务礼仪到位，尤其是在服务用语方面，把水乡孕育出来的清丽嗓音和经过一年普通话训练的标准普通话，自然地融合在一起，流溢出一种甜美、悦耳和动听的韵味。在这家酒店到培训中心挑选餐厅服务员的时候，被录用到该酒店的杭州面馆工作。

她们五人到该面馆工作不到一年，不但服务操作规范，而且服务语言甜美、悦耳、动听，成为该面馆软件服务的一大亮点。

无论本市的客人还是来自世界各地的客人，入住该酒店之后，都要到该面馆就餐。原因有三：一是到该面馆就餐，能品尝到具有地方特色的面食；二是能听到餐厅服务员甜美、悦耳、动听的服务语言；三是能感受到心灵上的愉悦。

在一个"烟花三月下扬州"的春天，一位高校的学者到这个城市参加会议，由会务组安排到该酒店下榻。入住酒店的当天中午，他在房间的写字台上看到一本《客人须知》，随便翻了几页，就看到三个小餐厅中有一个杭州面馆。虽然是第一次到这座城市，但早对这里的特色面食情有独钟，就决定去品尝一下。

当他进入餐厅之后，迎面走来一位服务员，用百灵鸟般的声音问道："先生，您好，要就餐吗？"他满意地点了点头，因为这位服务员的声音不仅悦耳动听，而且还使他感受到一种亲和力，她讲话的声音很像自己孝顺的女儿。

当他坐在餐桌前，这位服务员把菜谱递给他的时候，又轻声细语地说："我们这个餐厅主要经营本地特色面食和菜肴，不知您喜欢哪种面食和菜肴？"他听了服务员的这段话，好像听到了从山涧密林中流出来的清泉，叮咚、叮咚地响，使自己由于旅途劳累而昏昏欲睡的大脑苏醒了，马上回答道："我相信你，像相信我的女儿那样，请你给我推荐一种面食和四个地方特色饭菜。"

服务员用侍奉自己年迈老父亲的语气告诉他："有一种面食叫杭州汤面，味道鲜美，营养丰富，还容易消化，最适合老年人的口味和营养需求。我们餐厅的地方特色菜，有大份菜和小份菜之分，我建议您最好要两个小份菜就够吃了。"他听完了服务员的这番话，连忙说："谢谢、谢谢。"

服务员客气地说："不用谢，对每一位客人，我们餐厅服务员都是这样做的。"客人很感动，这一顿午餐他吃得很香，和在家里吃饭一样，有一种和女儿一样柔美的声音，始终萦绕在他的耳畔，使他不禁感慨万千："美言如美餐。"

（案例来源：郑晓明，吴志明．工作分析实务手册．北京：机械工业出版社，2002.）

思考：该案例中服务人员的成功之处在哪里？

任务布置

1. 情境布置：朋友介绍星际酒店的“珊瑚餐厅”不错，环境幽雅，菜品可口，服务到位，前去就餐既体面，又舒心。李先生通过电话预订，与生意伙伴一行 8 人如期而至。

迎宾员热情引领客人来到预订的餐台，值台服务员小王早已对客人进行观察，见走在前面的先生衣着讲究、神采奕奕，与周围朋友谈笑风生，初步判断应该是主人身份；其他客人兴致颇高，连声说环境不错。小王热情招呼客人，客人报以礼貌回应。此时小王先为主宾拉椅让座，然后为主人李先生让座，只见李先生热情地招呼大家：“大家坐下说话。”等其他客人坐好后落座，非常绅士地谢谢服务员为其拉椅。

2. 每 6～8 人组成一组，以小组为单位，围绕以上主题，进行模拟表演，并分析客人点菜期间的心理需求，制定相应的接待技巧。

3. 各小组以各种形式（照片、视频、漫画、小品演示等）记录下来，并做一些简单的解释。

知识链接

客人初次到本店餐厅用餐，一般对餐厅能够提供的菜品了解不多，点菜过程特别期望尽快了解菜点的品质、特色，选择到可口的菜品，这体现了客人求称心便捷、求物有所值的心理预期。服务人员在助客点菜的过程中，应把握客人的心理需求，运用服务技巧，令客人称心。

例如，服务人员不急于介绍本店特色，而是送上菜单，给客人 3～5 分钟时间，让客人全面了解本店的美食，轻松愉快地选择感兴趣的菜品，又借机观察客人的美食习惯和嗜好，一边关注客人的美食兴趣，一边服务小毛巾和礼貌茶。当客人放下菜单，或意识到客人已经通览菜单时，服务人员应在客人开口之前说：“现在可以点菜了吗？”

引导客人先点冷菜、后点热菜。先点名贵海鲜、特色菜，后点一般菜。注意荤素搭配、汤菜穿插。期间介绍菜品特色、协助控制菜量，避免浪费。边点边记录，眼睛关注到每一名客人，便于照顾到全体客人的需求。结束点菜前，复述菜单，询问有无不妥。值得注意的是，菜单带有诱人的美食图片，可以方便客人选择，也可能引起客人对新的美食的兴趣。

凡是入住到星级酒店的客人，一般都会到餐厅就餐，对饮食文化的心理需求，也就比较多。作为一名中西餐厅服务员，要满足客人的心理需求，必须做到以下几点：

1. 用真挚的微笑迎送客人

作为一名合格的中西餐厅服务员，对客人到餐厅用餐时的微笑服务，应该是友好可亲的。它是一种无声的语言，如果恰到好处，就能满足一般客人的心理需求。

2. 揣摩客人的心理

客人到中西餐厅用餐，领座的礼仪小姐，要礼貌地走上前去领座。在领座前，要根据客人的气质特征和眼神，来揣摩客人的心理需求。客人进餐厅之后，一般要用眼睛把餐厅环视一遍，然后才选择用餐的位置。为此，注意客人目光停留的地方，把客人引领到他喜欢的位置，是领座的礼仪小姐为客人提供心理服务的技能之一。

3. 满足个性化需求

到餐厅用餐的客人，有各种不同的饮食习惯和民族习俗，服务员要尊重他们的饮食习惯和民族习俗，根据客人不同的心理需求，介绍不同的菜品种类。具体要求有以下几点：

（1）对到餐厅就餐的回族客人，在向客人介绍菜肴品种的时候，不要介绍用猪肉做的菜肴；

（2）对来自巴西、新西兰等国家或中国少数民族地区的客人，要根据他们的民族习惯和心理需求，为他们介绍各种风味菜肴；

（3）遇到对本国或民族的风味烤肉情有独钟的客人，餐厅服务员就要为他们介绍该餐厅的风味烤肉品种，满足他们在异国他乡还能吃到家乡特色菜肴的心理需求；

（4）对于那些对辣椒的刺激味道敏感的客人，在介绍菜肴的时候，不要介绍川菜品种，即使客人点了含有辣椒的菜，也要在菜单上注明“不要放辣椒”的提示，使厨师在做菜肴的时候，根据客人的心理需求，在菜肴中不放辣椒，否则会引起客人的投诉。

4. 满足客人品味饮食文化的心理需求

客人入住酒店，到酒店的中西餐厅就餐，不仅希望品尝美味菜肴，还有品味饮食文化的心理需求。中西餐厅服务员在为客人服务时，要介绍不同菜肴中的饮食文化内涵，从而满足客人这方面的心理需求。

（1）推销具有民族特色的菜肴；

（2）满足客人求快捷、方便的心理需求。

任务准备

一、团队组建

本书大部分内容的学习采取小组学习的方式进行，请在规定时间（15 分钟）内自行组建学习小组（每组人数视班级情况自定）。

学生分好组后，以小组为单位坐在一起。各组坐成半圆，中间的场地空出来，便于组织活动。每组选出组长、秘书，定出组名，编好组歌，画出组徽，制定好小组格言，并记录在下表中。

组名			
小组格言			
组徽		组歌	
组长		秘书	
组员姓名	联系电话	组员姓名	联系电话

二、教师下发任务书

任务书

1. 任务目标

（1）学会共同合作、相互借鉴学习，听取老师的评价。

（2）根据客人点菜期间的心理需求，能及时迅速地作出有效的服务接待应对措施。

2. 任务要求

（1）借助案例分析，把握点菜期间顾客个性化的心理需求，并在服务接待中体现满足客人心理需求的服务策略。

（2）以小组为单位，运用所学知识，一组扮演前来就餐的客人，一组分析顾客的个性化心理预期，进行角色扮演，演练待客技巧。

3. 活动规则

（1）各组自行做好计划书，明确分工。

（2）活动过程必须全体组员参与。

（3）要通过各种形式（照片、视频、漫画、小品演示等）将活动过程记录下来。

（4）任务完成后，要向全班同学汇报，并展示任务的完成过程。

任务实施

一、制订实施方案

认真分析任务，并确定好任务实施方案。

二、确定人员分工

任务实施过程中要明确分工任务，组长要调动组员充分表达不同的意见，形成职责清晰的任务分工表。

组员姓名	任务分工

三、过程监督

请各组成员在任务实施过程中做好过程记录，组长负责监督，全组共同完成进度监督表。

工作阶段	时间	进度描述	检查情况记录	改善措施以及建议

四、各组成员记录任务实施过程中的困难及收获

困难：____

____

小组成员想到的解决方法：____

____

本次活动的收获：____

____

五、展示活动记录

每组在任务实施过程中，可以用各种形式把本组搜集到的点菜期间待客服务技巧的案例记录下来，分别扮演可能的来客，并分析每一类型的客人服务需求心理预期，通过角色扮演，将服务待客技巧以各种形式展示出来。如下表所示：

服务情境描述	客人需求心理与待客技巧分析
客人点了“红烧排骨”，又点了“香酥排骨”。服务人员礼貌提示道：“前边点了红烧排骨，现在的香酥排骨还要点吗?” 客人很犹豫，服务员等待客人的回应，而不是立即介绍二者各自的特色，便于客人选择。	

六、班内汇报

汇报内容包括：对本次任务完成情况的介绍、任务实施过程中遇到的困难和解决的方法、对所搜集及观察到的内容的解说等。小组互相评价，并对同学的汇报情况做好记录。

组别	汇报情况（包括任务完成情况、过程处理及搜集效果等方面）

七、归纳总结

通过本次活动，将学生分成小组，进行角色扮演，一名同学扮演服务人员，其他同学扮演客人，体会当时的心理感受，并运用待客技巧，做好点菜服务。分析客人的需求心理与待客技巧，教师做好点评。

评价反馈

以小组为单位，结合表中标准，围绕自己在活动前后的思想、行为等变化，进行客观评价。

<table>
<tr><td colspan="4">规范及责任意识综合体现评价标准</td></tr>
<tr><td colspan="4">1. 遵守规则。
2. 能快速找到与组员的共同目标。
3. 能准确无误、无条件地接受并立即执行组内指令。
4. 能按事先确定的方案尽力完成任务。
5. 能建立良好和谐的人际关系，使工作尽快开展。
6. 能够化解任务中的障碍。
7. 能勇于承认错误，敢于承担责任。
8. 能以大局为重，调整自己的工作节奏。
9. 能在团队合作中表达自己的意见，也能虚心接受他人的建议和批评。
10. 为了实现共同目标，能牺牲自己的利益。</td></tr>
<tr><td colspan="2">活动前</td><td colspan="2">活动后</td></tr>
<tr><td>思想描述</td><td></td><td>思想描述</td><td></td></tr>
<tr><td>行为描述</td><td></td><td>行为描述</td><td></td></tr>
<tr><td>感悟</td><td colspan="3"></td></tr>
</table>

思考与练习

根据对心理学理论在酒店服务中运用的理解，针对点菜客人个性化需求的不同，列举较为成功的待客技巧。

任务二　餐中服务心理分析与待客技巧

●学习目标

1. 学会把握客人用餐期间的心理需求，满足客人就餐时的心理需求；
2. 学会满足客人用餐期间个性化需求的服务接待技巧。

学习任务

1. 组建学习小组。

2. 搜集酒店客人用餐期间服务接待的相关案例，分析客人对服务接待的具体要求，结合模拟情境，理解“服务无小事，服务细节决定成败”的含义。

任务引入

阅读下面的案例，回答后面的问题。

【案例】

在北京的某五星级酒店里，有一家傣家村餐厅，经营的地方民族特色菜肴很受来自世界各地客人的青睐，身穿傣家族姑娘服饰的餐厅服务员，成为餐厅里一道亮丽的风景线。傣家村餐厅的服务员，身穿傣族服装，头戴傣族头饰，脚蹬傣族绣花鞋，在餐厅来回走动为客人服务时，走的婆娑动人的小碎步，一副傣族姑娘在傣家村的“原生态”形象。

傣家村餐厅给客人提供的酒品，是傣家族的名酒，就是族民们平时喝的“大象”牌酒。且不说装酒的酒瓶是形态可爱的大象，也不说酒味的醇香，单说那高高翘起的象鼻子，就能吸引客人的目光。凡是第一次到餐厅就餐的客人，稍有一点酒量，都要来一瓶“大象”牌酒品味一下，因为它是来自“地球村”不同角落的大部分人从来没有见过的“特色酒”。

傣家村餐厅给客人提供的米饭，是傣家族的竹筒饭。客人看到直径7厘米的原生态竹筒里，装着散发醇香的米饭，食欲大增。凡是第一次到餐厅就餐的客人，都要“来一筒”，亲口尝一尝在竹筒里蒸熟的米饭，怎么这样醇香诱人。

傣家村餐厅给客人提供的菜品，是傣族的民族特色菜，有竹筒鳝鱼、竹筒排骨、竹筒烤肉等。当客人闻到从竹筒里散发出来的鱼味香、排骨香或烤肉香的时候，不仅心情大悦，而且食欲大增。俗话说：心情好，食欲高。凡是到这里就餐的客人，都要亲自尝一尝这些特色菜的美味。客人的消费高了，餐厅的经济效益自然就会增长了。这家餐厅天天客人满座，有不少商务客人入住该酒店，就是为了到具有民族特色的傣家村餐厅就餐。

（案例来源：王伟．饭店人力资源开发与管理．北京：旅游教育出版社，2007.）

思考：该案例中傣家村餐厅的成功秘诀在哪里？

任务布置

1. 情境布置：设计可能出现的零点服务情境，并进行角色扮演，一名同学扮演服务人员，其他同学扮演客人，体会当时的心理感受，并运用待客技巧，完成服务任务。把客人的需求心理与待客技巧分析填入以下表格内，做好互评。

服务情境描述	客人的需求心理与待客技巧分析
客人刚刚落座，服务人员立即展开服务。 服务员：“先生您好，需要乌龙茶还是绿茶。（客人选择乌龙茶）这是菜单，您先看一下，稍后为您点菜。”（从主人的右侧，递送已经翻到第一页的菜单） 服务人员从主宾开始顺时针铺餐巾，顺手去掉筷子套，服务小毛巾，服务礼貌茶。关注到客人已经通览菜单，立即拿出点菜单，站到能观察主人和其他客人的最佳位置。 服务员：“可以点菜了吗？咱们从冷菜开始吧。”	

2. 每6～8人组成一组，以小组为单位，围绕以上主题，进行模拟表演，并分析客人用餐期间的心理需求，制定相应的接待技巧。

3. 各小组以各种形式（照片、视频、漫画、小品演示等）记录下来，并做一些简单的解释。

知识链接

客人就餐过程，对提供的上菜分菜、斟酒续酒、席面整理等服务，有“主动、快捷、尊重”的心理预期，服务员应以“服务于开口之前、服务技艺娴熟、满足个性化需求”的服务意识应对，令客人用餐舒心。具体服务心理与待客技巧如下。

一、上菜控制节奏、席面保持美观

客人对“上菜节奏、席面美观”要求较高，有“满足美食欲望、体验服务精致、满足席面体面”的心理预期。

（一）控制上菜节奏

上菜节奏太快，容易造成客人来不及品尝“刚出锅”的美味；上菜节奏太慢，台面菜品稀少，既不能满足客人食欲，又怠慢客人，均会令客人不满。一般情况下，客人点菜后3～5分钟冷菜上桌；在冷菜上桌前，完成饮品选择与斟倒服务，既服务及时，又避免冷场；冷菜食用到1/3量时，上第一道热菜，20分钟内上齐菜品。需要注意的是，要随着客人进餐的速度，调整上菜节奏。如果客人提出快点上菜，应告知厨房和传菜，加快上菜的速度。

（二）席面保持美观

席面美感，既美化了客人就餐环境，令客人保持良好的食欲，又令客人就餐或宴请体面。服务人员应掌握客人的这些心理需求，除提供上菜控制节奏应对外，还要做好上菜摆放、色彩搭配、荤素搭配、器具搭配、台面整理等服务环节。

上菜时，保持台面不同的菜品盘数，不同的摆放位置的变化，按照“一中心、二对称、三三角、四四方、五梅花”的原则，做好菜品的色彩搭配、荤素搭配、器具搭配；台面整理撤盘时应征求客人意见，保证客人餐位无“骨、刺、壳”等残食，并及时美观地调整台面。当盘内菜品经客人食用而量少、不美观时，征求客人同意后，大盘换成小盘，并碎掉蟹子硬壳，方便客人食用。

（三）主动斟酒续酒

服务员点菜送单之后，应立即询问饮品。经客人同意，提供斟酒和服务过程中续酒服务。服务过程中，客人对斟酒续酒有“准确饮品、服务于开口之前”的心理预期。

1. 主动斟酒

其中名贵酒品，取到后应礼貌递送客人鉴赏，经客人认可再开瓶，然后提供品酒服务和斟酒服务。注意由主人品酒认可后，从主宾、主人顺时针方向进行斟酒服务，不同的酒品斟酒量不同。红酒、白葡萄酒、香槟、白酒应徒手斟酒，啤酒、饮料使用托盘斟酒，以便提高服务效率。注意询问客人需求的饮品，如说："先生，啤酒可以吗?" 客人同意，即可斟酒。如果客人说"满上"，服务人员应打破常规，按照客人的意思服务。

2. 主动续酒

服务人员关注客人饮酒情况。当客人提议干杯后，其中部分客人相互碰杯饮酒，当客人杯中酒量余 1/3 时，服务人员应立即为其续酒。

二、妥善处理客人投诉

当客人提出投诉时，应首先倾听并理解客人表述，立即判断自己是否具有解决问题的权限，如果在权限之内，应站在客人的立场上，替客人着想，进行令客人称心的补救。如客人提出菜品太淡了，应请求立即送厨房再加工，并提议"后面的菜品适当重口"，同时征求意见，待改正后，见机请客人谅解。如果对客人的投诉力不能及，应立即安抚客人，及时报请上级解决，如客人提出邻近餐台客人太吵，服务人员又不便干涉，请上级协调更为妥当。

任务准备

一、团队组建

本书大部分内容的学习采取小组学习的方式进行，请在规定时间（15 分钟）内自行组建学习小组（每组人数视班级情况自定）。

学生分好组后，以小组为单位坐在一起。各组坐成半圆，中间的场地空出来，便于组织活动。每组选出组长、秘书，定出组名，编好组歌，画出组徽，制定好小组格言，并记录在下表中。

组名			
小组格言			
组徽		组歌	
组长		秘书	
组员姓名	联系电话	组员姓名	联系电话

二、教师下发任务书

任务书

1. 任务目标

（1）学会共同合作、相互借鉴学习，听取老师的评价。

（2）根据客人用餐后的心理需求，能及时迅速地作出有效的服务接待应对措施。

2. 任务要求

（1）借助案例分析，把握用餐后顾客心理需求的变化过程，并在服务接待中体现满足客人心理需求的服务策略。

（2）以小组为单位，运用所学知识，一组扮演前来用餐的客人，一组分析顾客的心理预期变化过程，进行角色扮演，演练待客技巧。

3. 活动规则

（1）各组自行做好计划书，明确分工。

（2）活动过程必须全体组员参与。

（3）要通过各种形式（照片、视频、漫画、小品演示等）将活动过程记录下来。

（4）任务完成后，要向全班同学汇报，并展示任务的完成过程。

任务实施

一、制订实施方案

认真分析任务，并确定好任务实施方案。

____

____

____

二、确定人员分工

任务实施过程中要明确分工任务，组长要调动组员充分表达不同的意见，形成职责清晰的任务分工表。

组员姓名	任务分工

三、过程监督

请各组成员在任务实施过程中做好过程记录，组长负责监督，全组共同完成进度监督表。

工作阶段	时间	进度描述	检查情况记录	改善措施以及建议

四、各组成员记录任务实施过程中的困难及收获

困难：____

____

小组成员想到的解决方法：____

____

本次活动的收获：____

____

五、展示活动记录

每组在任务实施过程中，可以用各种形式把本组搜集到的用餐期间待客服务技巧的案例记录下来，分别扮演可能的来客，并分析每一类型的客人服务需求心理预期，通过角色扮演，将服务待客技巧以各种形式展示出来。

六、班内汇报

汇报内容包括：对本次任务完成情况的介绍、任务实施过程中遇到的困难和解决的方法、对所搜集及观察到的内容的解说等。小组互相评价，并对同学的汇报情况做好记录。

组别	汇报情况（包括任务完成情况、过程处理及搜集效果等方面）

七、归纳总结

通过本次活动，将学生分成小组，进行角色扮演，一名同学扮演服务人员，其他同学扮演客人，体会当时的心理感受，并运用待客技巧，做好用餐接待服务。分析客人的需求心理与待客技巧，教师做好点评。

评价反馈

以小组为单位，结合表中标准，围绕自己在活动前后的思想、行为等变化，进行客观评价。

<table>
<tr><th colspan="4">规范及责任意识综合体现评价标准</th></tr>
<tr><td colspan="4">1. 遵守规则。
2. 能快速找到与组员的共同目标。
3. 能准确无误、无条件地接受并立即执行组内指令。
4. 能按事先确定的方案尽力完成任务。
5. 能建立良好和谐的人际关系，使工作尽快开展。
6. 能够化解任务中的障碍。
7. 能勇于承认错误，敢于承担责任。
8. 能以大局为重，调整自己的工作节奏。
9. 能在团队合作中表达自己的意见，也能虚心接受他人的建议和批评。
10. 为了实现共同目标，能牺牲自己的利益。</td></tr>
<tr><td colspan="2">活动前</td><td colspan="2">活动后</td></tr>
<tr><td>思想描述</td><td></td><td>思想描述</td><td></td></tr>
<tr><td>行为描述</td><td></td><td>行为描述</td><td></td></tr>
<tr><td>感悟</td><td colspan="3"></td></tr>
</table>

思考与练习

根据对心理学理论在酒店服务中运用的理解，针对用餐客人个性化需求的不同，列举较为成功的待客技巧。

任务三　餐后送客心理分析与待客技巧

●学习目标

1. 把握客人用餐后的心理需求，满足客人餐后心理需求；
2. 了解客人的用餐后心理需求的变化，进行对应的服务接待技巧学习。

学习任务

1. 组建学习小组。

2. 搜集酒店客人餐后服务接待的相关案例，分析客人对服务接待的具体要求，结合模拟情境，理解“服务无小事，服务细节决定成败”的含义。

任务引入

阅读下面的案例，回答后面的问题。

【案例】

有一所著名的高等院校，坐落在北京的五环外，建校50多年来，因培养艺术人才而出名。该学校的后勤部门，新建了一家二星级酒店，酒店里有一个中餐厅，客人经常爆满。

2013年4月1日中午，两位到该院校参加面试的男生，为了能在吃完饭后尽快地离开餐厅，到校园里做好面试前的心理准备，在结账的时候，他们一再嘱咐女服务员张月：“结账快一点，我们有急事。”可是，这个餐厅的服务员，早就养成了走路慢腾腾、工作时爱扎堆聊天的坏习惯，认为餐厅是本院校的垄断餐厅，无论服务质量好坏，照样有客人来就餐，结账慢一点更无所谓。

女服务员张月，一摇一晃地迈着八字步，走到结账的吧台前，竟然和另外两名服务员，没完没了地聊起天来了。一聊就是十几分钟，竟然把客人结账的事忘了。

两个男生着急了，穿过人头攒动的餐桌，快步走到吧台前，看见她还在津津有味地和同事聊天，怒气顿生，厉声质问她："你是不是把我们结账的事忘了？"服务员张月这才连忙告诉吧台的服务员："某某餐桌结账。"

两位男生义愤填膺，从零点餐厅出来的时候，心情还没有平静下来，也更没有时间到小花园里，让心灵沐浴一个"氧吧浴"，就心急火燎地走进了考场，参加了面试。由于心情还没有平静下来，临场发挥得不好，三个月后，面试结果出来了，两个人都落榜了！

（案例来源：余炳炎．酒店餐饮管理．北京：旅游教育出版社，2004.）

思考：该案例中零点餐厅的不对之处在哪里？从中你得到什么启示？

任务布置

1. 情境布置：设计可能出现的餐后服务情境，并进行角色扮演，一名同学扮演服务人员，其他同学扮演客人，体会当时的心理感受，并运用待客技巧，完成服务任务。

2. 每 6 ~ 8 人组成一组，以小组为单位，围绕以上主题，进行模拟表演，并分析客人用餐期间的心理需求，制定相应的接待技巧。

3. 各小组以各种形式（照片、视频、漫画、小品演示等）记录下来，并做一些简单的解释。

知识链接

一、保持正确的服务意识

"宾客第一"是服务人员应该遵守的服务意识，只有培养一个正确的服务意识才能做到优质的服务。在对客服务的过程中，永远把真诚服务放在第一位，时刻为客人着想，让客人感觉到在餐厅吃饭就像在家吃饭一样的温馨。

二、让客人感受到服务的热情

1. 态度和蔼可亲

服务人员在与客交往中，要为客人提供良好服务，就必须做到态度谦恭、和蔼可亲。谦恭是一种良好的行为方式，是指对客人的感受和反应比较敏感，避免言语和行动上的冒犯，给客人充分的尊重，让他感受到你的热情。

2. 讲究语言艺术

合理的言语交流在塑造良好的客我关系中是极为重要的。服务人员在服务过程中要养成使用文明礼貌用语的习惯。在与客人言语沟通时，用肯定的语气表达要比用否定的语气表达更使人感到柔和、亲切。尽量采用柔性表达方式，如请您这样，而不是您别怎样。

3. 学会使用体态语

体态语是一种无声的语言，虽然没有声音的表达，但仍然能够传递一种热情。合理的语言表达配合优美的体态语，才能提供最完美的服务。这里的体态语包括请、引领等手势语，面部妆容、工作装、饰物等服饰语，以及微笑、眼神等表情语。

三、学会扬长避短

扬长就是在与客交往中赞扬客人的长处和提供一个机会让客人表现自己的长处。避短是指服务人员不能嘲笑客人的短处，不能在客人面前显示自己的“优越”。客人在自尊心的问题上是非常敏感的，因此服务人员应该注意在服务的过程中，切忌触犯客人的自尊心，相反应该增加他的自豪感，使客人在心理上得到最大的满足。

任务准备

一、团队组建

本书大部分内容的学习采取小组学习的方式进行，请在规定时间（15 分钟）内自行组建学习小组（每组人数视班级情况自定）。

学生分好组后，以小组为单位坐在一起。各组坐成半圆，中间的场地空出来，便于组织活动。每组选出组长、秘书，定出组名，编好组歌，画出组徽，制定好小组格言，并记录在下表中。

组名			
小组格言			
组徽		组歌	
组长		秘书	
组员姓名	联系电话	组员姓名	联系电话

二、教师下发任务书

任务书

1．任务目标

（1）学会对用餐客人餐后进行跟进服务，分析客人餐后的心理特点，并归纳相应的待客技巧。

（2）学会从客人餐后的心理特点出发，有针对性地、恰当地运用餐饮服务接待技巧，提升个人专业能力水平。

2．任务要求

（1）在教师指导和辅助下，以小组为单位，根据不同客人的心理需求，设计关于餐后待客服务的情景，进行情景模拟并设计情景对话。

（2）以小组为单位，收集接待服务的案例。

3．活动规则

（1）各组自行做好计划书，明确分工。

（2）活动过程必须全体组员参与。

（3）要通过各种形式（照片、视频、漫画、小品演示等）将活动过程记录下来。

（4）任务完成后，要向全班同学汇报，并展示任务的完成过程。

任务实施

一、制订实施方案

认真分析任务，并确定好任务实施方案。

____

____

____

二、确定人员分工

任务实施过程中要明确分工任务，组长要调动组员充分表达不同的意见，形成职责清晰的任务分工表。

组员姓名	任务分工

三、过程监督

请各组成员在任务实施过程中做好过程记录，组长负责监督，全组共同完成进度监督表。

工作阶段	时间	进度描述	检查情况记录	改善措施以及建议

四、各组成员记录任务实施过程中的困难及收获

困难：____

____

小组成员想到的解决方法：____

____

本次活动的收获：____

____

五、展示活动记录

每组在任务实施过程中，可以用各种形式把本组搜集到的餐后待客服务技巧的案例记录下来，分别扮演可能的来客，并分析每一类型的客人服务需求心理预期，通过角色扮演，将服务待客技巧以各种形式展示出来。

六、班内汇报

汇报内容包括：对本次任务完成情况的介绍、任务实施过程中遇到的困难和解决的方法、对所搜集及观察到的内容的解说等。小组互相评价，并对同学的汇报情况做好记录。

组别	汇报情况（包括任务完成情况、过程处理及搜集效果等方面）

七、归纳总结

通过本次活动，将学生分成小组，进行角色扮演，一名同学扮演服务人员，其他同学扮演客人，体会当时的心理感受，并运用待客技巧，做好餐后接待服务。分析客人的需求心理与待客技巧，教师做好点评。

评价反馈

以小组为单位，结合表中标准，围绕自己在活动前后的思想、行为等变化，进行客观评价。

<table>
<tr><td colspan="4">规范及责任意识综合体现评价标准</td></tr>
<tr><td colspan="4">1. 遵守规则。
2. 能快速找到与组员的共同目标。
3. 能准确无误、无条件地接受并立即执行组内指令。
4. 能按事先确定的方案尽力完成任务。
5. 能建立良好和谐的人际关系，使工作尽快开展。
6. 能够化解任务中的障碍。
7. 能勇于承认错误，敢于承担责任。
8. 能以大局为重，调整自己的工作节奏。
9. 能在团队合作中表达自己的意见，也能虚心接受他人的建议和批评。
10. 为了实现共同目标，能牺牲自己的利益。</td></tr>
<tr><td>思想描述</td><td></td><td>思想描述</td><td></td></tr>
<tr><td>行为描述</td><td></td><td>行为描述</td><td></td></tr>
<tr><td>感悟</td><td colspan="3"></td></tr>
</table>

思考与练习

根据对心理学理论在酒店服务中运用的理解，针对用餐后客人个性化需求的不同，列举较为成功的待客技巧。

参考文献

［1］黄燕玲，黄震方，袁林旺．基于 SEM 的酒店满意度测评模型研究．旅游学刊，2006（11）．

［2］任冠文．中国旅游心理学．广州：广东旅游出版社，2003.

［3］刘纯．旅游心理学．上海：远东出版社，1990.

［4］李祝舜．客人的挫折感和投诉心理研究．华侨大学学报，2002（3）．

［5］马悦．浅析酒店前台服务心理．中国集体经济，2009（6）．

［6］傅昭．酒店服务心理．杭州：浙江大学出版社，2010.

［7］郑志伟，李华东．北京经济型酒店发展现状与对策．企业活力，2006（7）．

［8］薛海霞，王淑云．中国奢侈品消费者行为分析．经营管理者，2010（21）．

［9］邹光勇，赵凤．我国经济型酒店发展策略的一个框架性论述．桂林旅游高等专科学校学报，2008（2）.

［10］马冰．酒店如何运用心理契约留住员工．北京工商大学硕士学位论文，2007.

［11］李征兵．本土酒店应对国际品牌酒店竞争的策略．饭店现代化，2009（10）.

［12］余炳炎．饭店餐饮管理．北京：旅游教育出版社，2004.

［13］陈孟超．成功酒店经理人．饭店现代化，2011（7）.

［14］张玉冰．实用饭店业务知识 1000 问．海口：海南出版社，1997.

［15］皮彬霞．对我国酒店品牌经营的分析．企业家天地，2011（3）.

［16］吕建中．旅游饭店餐饮管理．杭州：浙江摄影出版社，1991.

［17］邹金宏．现代饭店餐饮服务与培训．广州：广东旅游出版社，2002.

［18］金京星．酒店的品牌战略研究——以锦江酒店为例．哈尔滨商业大学学报（社会科学版），2011（3）.

［19］孔璎红，廖蓓．酒店品牌化发展的战略研究．沿海企业与科技，2009（9）.

［20］孔璎红，吴晓敏，陈琳．酒店品牌经营战略体系的构建研究．企业科技与发展，2009（4）.

［21］张超．酒店品牌资产管理研究．经济师，2008（8）.

［22］乐盈．餐饮服务与管理（第二版）．北京：旅游教育出版社，2005.

［23］邹益民．现代饭店餐饮管理艺术．广州：广东旅游出版社，2003.

［24］黄慧敏．酒店员工问题行为产生原因分析．北京第二外国语学院学报，2008（7）.